Florence Brokowski-Shekete
und Marion Kuchenny
Schwarz*Weiss*
Es geht auch *anders*
Gespräche über
Alltagsrassismus

Florence Brokowski-Shekete
und Marion Kuchenny

Schwarz*Weiss*

Es geht auch *anders*

Gespräche über
Alltagsrassismus

reihe schwarz bewegt · orlanda

Inhalt

Anmerkungen der Autorinnen 7

Prolog 9

Der Weg ist das Ziel – von der Idee zur ersten Staffel 19

Schwarzfahren, Schwarzsehen, Schwarzmalen –
wie gerechtfertigt ist der Streit um diese Begriffe? 21

»Geh doch als ›Afrikanerin‹!« –
Wo sind die Grenzen bei Karnevalskostümen? 35

»Die zweite Klasse ist auf der anderen Seite!« –
Wie umgehen mit Diskriminierungserfahrungen? 47

Selektive Solidarität –gibt es Geflüchtete
zweiter Klasse? 63

Der erste Eindruck entscheidet?! –
Wenn Menschen in Schubladen gesteckt werden 73

»Du nix richtig – ich dir zeigen wo!« –
Wenn Sprache herabwürdigt 89

Dreadlocks nur für Schwarze? –
Wo beginnt kulturelle Aneignung? 99

Wie schwarz darf Humor sein? –
Über die Problematik von kulturellen Witzen 113

Wer dazugehören will, muss sich anpassen – die
richtige Balance zwischen Integration und Identität 123

Gutes Schwarz, schlechtes Weiß? –
Neue Stereotype in der Rassismusdebatte 137

Alte Klischees, neue Vorurteile –
Vorsicht mit ›gut gemeinten‹ Zuschreibungen 147

Farbe ins System bringen – wenn Kommunikation
komplett danebengeht 161

»Nur gucken, nicht anfassen!« –
Über Respekt und Grenzüberschreitungen 169

Epilog 183

Dank 191

Anmerkungen der Autorinnen

In diesem Buch ist es für uns von großer Wichtigkeit, auf diskriminierungssensible Sprache zu achten. So wird das Wort »Schwarz« großgeschrieben. Damit verdeutlichen wir, dass es sich hierbei nicht um ein Adjektiv handelt, sondern um eine Selbstbezeichnung von Menschen, die aufgrund ihrer Hautfarbe im Alltag und in ihrem beruflichen Kontext von Ausgrenzung betroffen sein können.

Wie sich Menschen, die aufgrund ihrer Hautfarbe Ausgrenzung erfahren, letztlich selbst bezeichnen, bestimmen alleine sie. Dies kann durchaus von dem oben genannten Begriff abweichen.

Unsere Sprache spiegelt unseren persönlichen Lebenshintergrund wider und ist somit authentisch. So kann es sein, dass der ein oder andere Begriff nicht diskriminierungssensibel erscheint, jedoch die Grundlage unserer Diskussion darstellt.

Prolog

Wie sehr hat es mich gefreut, dass meine Autobiografie *Mist, die versteht mich ja! – Aus dem Leben einer Schwarzen Deutschen* 2020 bei den Lesenden auf so große Resonanz stieß und zum SPIEGEL-Bestseller wurde.

Ich bekam sehr viel Post von Menschen, die einfach nicht verstehen konnten, dass Menschen, die nicht weiß sind, noch immer wegen ihrer Hautfarbe Ausgrenzung erfahren. Die Schreibenden bedauerten dieses sehr. Sie fragten, was sie selbst tun könnten, wenn sie Ausgrenzung von Schwarzen Menschen beobachteten.

Schwarze Menschen schrieben mir und baten um Unterstützung und Rat für Situationen, in denen sie von weißen Menschen wegen ihrer Hautfarbe Ausgrenzung verspürten.

Wiederum andere verstanden erst gar nicht, warum diese oder jene Situation überhaupt ausgrenzend oder gar rassistisch sein sollte. »Das haben wir doch schon immer so gemacht, früher hat es doch auch niemanden gestört.«

Dieses woke Gehabe sei echt nervig, schrieb ein Leser, ob wir denn wirklich keine anderen Probleme hätten. »Unsere

Kinder dürfen sich an Karneval nicht mehr als ›Indianer‹ verkleiden? Die Menschen, die so etwas verbieten wollen, gehören ja in die Psychiatrie«, war als Kommentar unter einem anderen Post zu lesen. Wiederum andere waren sich darin einig, dass das Tragen von Dirndl und Lederhose von nicht weißen Menschen schließlich das Gleiche sei. Und warum Faschingskrapfen, in manchen Gegenden auch Berliner oder Pfannkuchen genannt, nicht mit Figuren anderer Ethnien, dekoriert werden sollten, die mit rassistischen Klischees spielen, entbehrte für andere wiederum jeder Logik. Auf Lesungen wurde ich gefragt, ob Weiße denn wirklich keine Dreadlocks tragen dürften.

Es sind Themen, bei denen viele nicht nur alles besser wissen, sondern auch noch als Weiße genau wissen, wie es sich anfühlt, Schwarz zu sein.

Zu dieser Zeit schrieb ich gerade an meinem zweiten Buch *Raus aus den Schubladen! – Meine Gespräche mit Schwarzen Deutschen*. Dass auch dieses Buch ein SPIEGEL-Bestseller werden und auf ebenso große Resonanz stoßen sollte, konnte ich zu jenem Zeitpunkt, Ende 2021, noch nicht ahnen.

Ich stellte jedoch fest, dass die Menschen sehr viele Fragen hatten, auf die sie dringend Antworten brauchten. Dass manche auch lediglich die eigene Meinung kundtun wollten, um diese bestätigt zu bekommen, ist menschlich und irritierte mich weniger.

Vielmehr beobachtete ich, dass zahlreiche Zuhörende bereit waren, zu diskutieren und sich meine Perspektive anzuhören, auch wenn sie ihre eigene nicht gleich aufgeben wollten.

So wurde mir bei einer Lesung erläutert, dass das, was ich beschreibe, doch *nur* Diskriminierung sei und kein Rassismus. Ich erklärte, dass Diskriminierung wie ein Dach sei, das auf einem Haus sitze. In dem Haus gäbe es viele Zimmer, in denen unterschiedliche Diskriminierungsarten zu finden seien. So erleben Menschen Diskriminierung aufgrund der Religionszugehörigkeit, des Geschlechtes, der sexuellen Identität, des sozialen Status, der körperlichen Versehrtheit oder der Hautfarbe. Letzteres wird Rassismus genannt.

Bei all diesen Begegnungen war mir daran gelegen, dass wir die oftmals auch kontroversen Gespräche auf eine Weise führten, bei der niemand sein Gesicht verlor.

Nein, Diskriminierung im Allgemeinen und Rassismus im Besonderen sind keine Feel-good-Themen, über die sich entspannt bei Kaffee und Torte plaudern lässt. Es sind Themen, die die Gemüter erhitzen, weshalb Familienfeiern im Streit enden und Freundschaften zerbrechen. Es sind Themen, die in den Sozialen Medien zu Hetze, Hass und den wüstesten Beschimpfungen führen, wenn die Diskutierenden merken, dass sie nicht einer Meinung sind. Es sind Themen, bei denen viele nicht nur alles besser wissen, sondern auch noch als Weiße genau wissen, wie es sich anfühlt, Schwarz zu sein.

Mein Publikum bei den Lesungen, wollte jedoch Fragen stellen dürfen, Antworten erhalten und Verhaltensstrategien an die Hand bekommen. Es ging ihnen nicht darum, recht zu behalten, um falsch oder richtig oder um die Feststellung, dass heutzutage einfach gar nichts mehr gesagt werden dürfe. Es wollte verstehen und begreifen, für den Alltag sensibilisiert und achtsam sein.

> *Mein Schwarzes Lesepublikum wollte vor allem eines: empowert werden. Es wollte Kraft und Energie tanken für die kleinen und größeren Verletzungen des Alltages, ohne jedoch eine Opferrolle anzunehmen.*

Mein Schwarzes Lesepublikum wollte vor allem eines: empowert werden. Es wollte Kraft und Energie tanken im Zusammenhang mit ›kleineren und größeren‹ Verletzungen des Alltages, ohne jedoch eine Opferrolle anzunehmen. Auch wollte es verstehen und begreifen, warum jemand mit weißem Hintergrund auf eine bestimmte Weise handelt und reagiert. Eines wollte es keinesfalls: stets und ständig verantwortlich dafür sein, Erklärungen, Erläuterungen und Gefühlsbeschreibungen abgeben zu müssen.

Wie gern beteiligte ich mich an diesen unterschiedlichen Gesprächen. Die verschiedenen Perspektiven, wenngleich sie sich von der meinigen oftmals sehr unterschieden, bereicherten mich dennoch.

Darüber hinaus war es mir von Beginn an wichtig, dass sich weiße Menschen, die von rassistischer Ausgrenzung nicht betroffen sind, den Perspektiven der Schwarzen öffnen. Sie müssen verstehen, dass nicht sie die Deutungshoheit darüber haben, wovon sich ein Schwarzer Mensch ausgegrenzt und diskriminiert fühlt.

»Das haben wir früher auch schon gesagt« ist keine intellektuelle Hochleistung, sondern eine sehr bequeme Weigerung, der eigenen Weiterentwicklung eine Chance zu geben.

Das Verhalten jeder weißen Person, ungeachtet der Bemühungen des Verstehenwollens, als rassistisch zu bezeichnen, trägt ebenfalls zu keiner aufeinander zugehenden Verständigung bei, sondern verfestigt die Abwehrhaltung.

Und dass »gut gemeint« nicht immer auch »gut gemacht« bedeutet und damit den Betroffenen oftmals ein Bärendienst erwiesen wird, wurde bereits mehrfach bewiesen.

Ein großes Dilemma! Was also tun?

Leider konnte ich nicht auf jede Zuschrift antworten, die ich im Laufe der Zeit erhielt, und so blieben einige Fragen und Bitten um Unterstützung unbeantwortet. Ich überlegte, wie ich diese Menschen dennoch erreichen könnte.

Darüber hinaus war es mir von Beginn an wichtig, dass sich weiße Menschen, die von rassistischer Ausgrenzung nicht betroffen sind, den Perspektiven der Schwarzen öffnen.

So entstand die Idee, einen eigenen Podcast aufzusetzen. Ich sah darin auch die Möglichkeit, viele Themen des Alltags, mit denen man als Schwarzer Mensch konfrontiert ist, ansprechen zu können, sie zu erläutern und Perspektiven aufzuzeigen. Durch meine weiße Mama fällt es mir leicht, mich auch in die weiße Perspektive hineinzuversetzen. Natürlich hätte ich den Podcast auch allein bestreiten können, die Rolle der Alleinunterhalterin liegt mir ja bewiesenermaßen. Aber ich fragte mich, ob es sich bei diesen Themen nicht anböte, mit einer weißen Person in den Diskurs zu gehen.

Im Juni 2021 hatte ich die große Freude, vom Hessischen Rundfunk eingeladen zu werden. Ich sollte Gast im hr1-Talk sein – die Moderatorin war eine gewisse Marion Kuchenny. Ich kannte sie vorher nicht, was jedoch weniger an ihrem Bekanntheitsgrad lag, sondern mehr mit meinem geringen Radiokonsum zusammenhing. Wir verstanden uns aber auf Anhieb und beschlossen, in Kontakt zu bleiben. In der Folge tauschten wir uns immer wieder aus, konstruktiv und offen.

Bei einer Veranstaltung Ende 2021 begegneten wir uns erneut. Am Ende dieses sehr interessanten Abends verabschiedeten wir uns mit folgenden Worten:

Florence: Lust, einen Podcast zum Thema Alltagsrassismus zu machen?

Marion: Ja, sehr gerne!

Florence: Aber nicht nur eine Folge.

Marion: Nein, schon klar.

Das war die Geburtsstunde unseres Podcasts *SCHWARZ-WEISS* – und ich fragte mich auf der Heimfahrt, was Marion motivierte, dass sie so spontan Ja gesagt hatte.

Florence Brokowski-Shekete. Diesen Namen habe ich zum ersten Mal im Radio gehört. Auf der Heimfahrt nach einer meiner Mittagssendungen. Für mich ist die Strecke zwischen Funkhaus und Daheim immer eine gute Gelegenheit, um durch verschiedene Programme zu surfen und zu erfahren, was die Kolleg*innen so machen.

Und an ebenjenem Tag hörte ich ein Interview mit einer Frau, die von ihrer Kindheit in Buxtehude erzählte, von ihrer Adoptivmama und ihrem Weg in den pädagogischen Dienst.

Deutschlands erste Schwarze Schulamtsdirektorin – so lautete die Abmoderation des Interviews. Und erst in diesem Moment wurde mir klar, dass die Frau, der ich da die ganze Zeit zugehört hatte, Schwarz war.

> *Mich als Journalistin beschäftigt diese Thematik schon lange und es macht mir zunehmend Sorge, mit welcher Aggressivität wir darüber inzwischen diskutieren.*

Passenderweise hatte sie auch gerade ihre Autobiografie veröffentlicht – mit dem Titel *Mist, die versteht mich ja! Aus dem Leben einer Schwarzen Deutschen.* Und ich dachte: Die hätte ich gerne in meiner Talksendung. Was für eine spannende Lebensgeschichte und was für eine interessante Frau!

So kam es, dass wir beide uns tatsächlich im hr1-Talk zum ersten Mal begegnet sind. Und weil ich wusste beziehungsweise recherchiert hatte, dass Florence ein großer Boney M.-Fan ist, habe ich einiges in Bewegung gesetzt, um eine kleine

Grußbotschaft von Liz Mitchell für diesen Talk zu organisieren.

Florence staunte nicht schlecht, als wir den Gruß von Liz einspielten. Und ich war sehr froh, dass wir ihr diese kleine Freude machen konnten.

Unser erstes Zusammentreffen lief so gut, dass wir im Anschluss verabredeten, in Kontakt zu bleiben. Und in der Folgezeit haben wir uns dann auch immer wieder über tagesaktuelle Entwicklungen im Zusammenhang mit Diskriminierung und Rassismus ausgetauscht.

Zeigen, dass man über schwierige Themen wie Rassismus und Diskriminierung reden kann, ohne in Streit zu geraten. Offen und klar, aber immer konstruktiv und mit dem nötigen Respekt voreinander.

Mich als Journalistin beschäftigt diese Thematik schon lange und es macht mir zunehmend Sorge, mit welcher Aggressivität wir inzwischen darüber diskutieren. Und mit »wir« meine ich beide Seiten. Anstatt einander wirklich zuzuhören und gemeinsam über Lösungen nachzudenken, drischt jeder nur noch verbal auf den anderen ein oder zieht sich beleidigt in seine ›Bubble‹ zurück, um sich dort von Gleichgesinnten bestätigen zu lassen, wie schrecklich und unbelehrbar die andere Seite ist. Befeuert durch die Anonymität in der digitalen Medienwelt scheint es immer weniger moralische Barrieren zu geben, die all den ungefilterten Ausbrüchen von Wut und Hass Einhalt gebieten.

»Das muss doch auch anders gehen«, habe ich mir oft gedacht, und als Florence und ich uns am Ende eines langen Abends voneinander verabschiedeten, wurde aus diesem Gedanken plötzlich eine konkrete Idee. Mit ihrer Frage: »Lust auf einen gemeinsamen Podcast über Alltagsrassismus?« schien der Weg plötzlich klar. Zeigen, dass man über schwierige Themen wie Rassismus und Diskriminierung reden kann, ohne in Streit zu geraten. Offen und klar, aber immer konstruktiv und mit dem nötigen Respekt voreinander. Und wie könnte das besser gehen als mit einer weißen und einer Schwarzen Frau? Beide Perspektiven – zusammengebracht in einem gemeinsamen Podcast. Ein Wagnis? Vielleicht. Aber vor allem ein großes Abenteuer, das bald in seine sechste Staffel geht.

Ein Abenteuer, das mit unserem Buch zur Reihe nun hoffentlich auch all diejenigen erreicht, die lieber lesen als hören. Wir freuen uns auf den Austausch mit allen, die zu den von uns angesprochenen Themen und Erlebnissen ihre Sicht der Dinge beisteuern möchten, wir freuen uns auf viele Begegnungen und auf einen von Respekt getragenen, engagierten und lebhaften Dialog. Ganz im Sinne unseres Mottos: »Reden und zusammen!«

Nun wünschen wir Ihnen und euch ein gewinnbringendes Leseerlebnis.

Der Weg ist das Ziel – von der Idee zur ersten Staffel

Die Idee war geboren, aber wie sollte sie umgesetzt werden?

Beide bemerkten wir schnell, dass unsere unterschiedlichen Tätigkeitsbereiche einen hervorragenden Synergieeffekt ergeben würden. Ein gemeinsames Konzept war bald erstellt. Wir beschlossen, mit einer Staffel von zunächst 13 Folgen zu beginnen. Dass wir schwierige Themen ansprechen würden, war uns von Anfang an bewusst. Deshalb sollte eine Folge auch nicht länger als gut verdauliche 20 Minuten dauern.

Aber wer würde unseren Podcast produzieren? Klar war, dass es eine Medienfirma sein müsste, die unser Anliegen inhaltlich verstehen, unterstützen und zunächst keinen kommerziellen Gedanken damit verknüpfen würde. Nach intensiver Suche wurde Marion in ihrem Netzwerk fündig.

Wir beide wären nicht wir, wenn wir nicht von Beginn an einen hohen Anspruch an die Qualität unseres Podcasts gestellt hätten. Um zeitlich flexibel arbeiten zu können, entschieden wir uns, unsere Folgen in einem virtuellen Studio aufzunehmen. Professionelle Aufnahmen erfordern ein professionelles Equipment. Das war bei Medienprofi Marion kein Problem. Florence überlegte nicht lange, nach ein paar

Klicks und einer kurz glühenden Kreditkarte war auch sie eine topausgestattete Podcasterin to be.

»Ach, ein Podcast braucht ja auch ein Cover!« »Handyfotos? Nein, Handyfotos reichen da nicht aus!« Aber auch diese Herausforderung war schnell gemeistert.

Was uns allerdings geradezu erschütterte, war die Erkenntnis, dass wir bei der Themenfindung überhaupt nicht lange überlegen mussten. In kürzester Zeit hatten wir eine Themenliste zusammengestellt, die für mehr als drei Staffeln reichen würde.

In unserem persönlichen Umfeld zeigte man sich schon sehr gespannt auf das, was wir ansprechen wollten. Und natürlich auch auf das Wie!

Trotzdem beschlich uns beide ein Gefühl der Unsicherheit.

»Wie wird das, was wir machen, wohl bei den Leuten ankommen?«

»Was, wenn wir den einen oder anderen Shitstorm heraufbeschwören?«

»Und was, wenn gar niemand unseren Podcast hören will?«

Mit diesen zweifelnden Fragen, aber auch einer aufgeregten Vorfreude und großen Begeisterung trafen wir uns dann im Februar 2022, um die erste Aufnahme zu produzieren, die am 17. Februar 2022 zum ersten Mal veröffentlicht wurde.

Schwarzfahren, Schwarzsehen, Schwarzmalen – wie gerechtfertigt ist der Streit um diese Begriffe?

Unsere Sprache ist voll von Begriffen, die in der aktuellen Rassismusdebatte zunehmend problematisch gesehen werden. Besonders diskutiert wird aktuell folgender Begriff: das Schwarzfahren. Sogar Verkehrsunternehmen sagen, sie wollen diesen Begriff nicht mehr verwenden. Auch Schwarzmalen und Schwarzsehen werden inzwischen von einigen vermieden. Was aber eigentlich gar nicht sein müsste, meint Florence und hat dafür eine verblüffend einfache Erklärung.

Marion: Schwarz-Weiß-Schubladen, davon gibt es leider noch viel zu viele. Aber wie bekommen wir es hin, da endlich herauszukommen? Betrachten wir zum Beispiel die Sprache.

Florence: Richtig! Denken wir an Sprichwörter oder Redewendungen. Es gibt in der deutschen Sprache eine ganze Menge, die Farben benutzen.

Marion: Schwarzsehen. Oder Schwarzfahren. Letzteres wird aktuell heftig diskutiert. Weil die Verkehrsbetriebe es nicht mehr verwenden sollen. Weil das Schwarz in Schwarzfahren Menschen mit dieser Hautfarbe diskriminiert – sagen die Kritiker. Empfindest du das auch so?

Florence: Na ja, sagen wir es mal so. Im ersten Moment denke ich, okay, Schwarzfahren ist ja nichts Positives. Und wir sprechen von Schwarzen Menschen. Warum ist die schwarze Farbe oder das Wort schwarz immer negativ konnotiert? Da zucke ich im ersten Moment schon ein bisschen zusammen.

Marion: Ich habe mal recherchiert, wo genau dieser Begriff Schwarzfahren eigentlich herkommt. Und ich bin bei meinen Recherchen auf das Rotwelsche gestoßen. Das Rotwelsche ist ein Gaunerjargon aus dem 18. Jahrhundert – mit Entlehnungen aus dem Jiddischen. Die Gauner haben sich auf diese Weise untereinander verständigt, damit, wenn sie irgendwelche Absprachen treffen wollten, Außenstehende nicht mitbekamen, worüber sie gerade redeten. Und da gibt es einen Begriff, der heißt »schwarzen« und bedeutet, Dinge nachts, also bei Nacht und Nebel, wenn es draußen schwarz ist, über die Grenze zu schmuggeln. Das ist illegal. Genau wie das Schwarzfahren – ohne Ticket – mit dem Bus oder der Bahn. Das ist scheinbar die Genese dieses Begriffes.

Florence: Also das gruselt mich trotzdem. Und ich denke, okay, wenn Leute zu mir sagen: »Ach, Sie sind ja schwarz« – und dann aber gleichzeitig das Wort schwarz so negativ verwenden, dann möchte ich mich natürlich schon davon abgrenzen. Ich möchte keinen Begriff zugesprochen bekommen, der eigentlich negativ ist.

Marion: Aber auch dann, wenn er primär gar nichts mit deiner Hautfarbe zu tun hat?

Fühlst du dich trotzdem angesprochen, wenn man dieses Wort benutzt, also schwarz, die Nacht ist schwarz? Und früher war sie das ja noch mehr als heute. Ohne Lichtverschmutzung waren die Nächte sogar komplett schwarz. Was ein ganz anderer Zusammenhang ist. Trifft es Dich dann trotzdem?

Florence: Na ja, jetzt muss man diese Wörter wirklich mal ein bisschen untersuchen.

Wenn ich von Schwarzen Menschen spreche, dann schreibe ich Schwarz groß. Und zwar groß, weil es dann nicht das Adjektiv schwarz ist, sondern weil es einfach die Menschen meint, die von sich sagen, dass sie aufgrund ihrer ethnischen Herkunft Ausgrenzung erleben. Also da benutzen wir Schwarz schon mal in einem anderen Kontext. Oder wenn du den Titel meines Buches siehst, da habe ich Schwarz großgeschrieben. Dann überlege ich, ob es mich treffen oder kränken muss, wenn das Adjektiv schwarz in so vielen Redewendungen negativ benutzt wird. Zumal ich ja gar nicht schwarz bin. Ich bin ja, wenn ich das Adjektiv benutze, braun. Ich habe eine braune

Haut und keine schwarze Haut. Also kann ich mich, um mich nicht gekränkt zu fühlen und damit es für mich okay ist, von dem Adjektiv schwarz, so, wie es in den Redewendungen negativ benutzt wird, distanzieren. Weil ich nicht schwarz, sondern braun bin. Meine Hautfarbe ist braun. Trotzdem sprechen wir von Schwarzen Menschen, aber großgeschrieben.

Marion: Ja. Und fändest du es, jetzt noch mal weitergedacht, besser, wenn wir dahin kommen, dass wir vielleicht das Wort »schwarz« im Zusammenhang mit Hautfarbe streichen? So-dass wir sagen, es gibt diese Hautfarbe »schwarz« im Grunde nicht. Es ist ein dunkleres Braun, manchmal ein helleres Braun? Genauso wie wir Weißen auch nicht weiß sind. Ich bin nicht weiß. Ich habe eher einen gelblichen Hautunter-ton. Und es gibt Menschen, die haben einen olivfarbenen oder einen bläulich-roten Hautunterton. Dieses Kategorisieren von Schwarzen und Weißen – vielleicht sind das einfach die falschen Begrifflichkeiten?

Florence: Entweder so oder wir müssen überlegen, dass wir bestimmte Begriffe für unterschiedliche Inhalte verwenden. Zum Beispiel, wenn ich sage: Ich bin nüchtern.

Wenn mich der Arzt morgens fragt: »Sind Sie nüchtern?«, dann will er wissen, ob ich nichts gegessen habe und er mir Blut abnehmen kann.

Wenn aber in einem anderen Zusammenhang, zum Beispiel bei einer Verkehrskontrolle gefragt wird: »Sind Sie nüchtern?«, dann will man nicht wissen, ob ich ein Baguette gegessen, sondern ob ich Alkohol getrunken habe. Dieser Begriff nüchtern hat je nach Kontext, in dem wir ihn benutzen, eine unterschiedliche Bedeutung. Ich kann mich auch gekränkt

fühlen, wenn jemand sagt: »Na, Sie sind ja nicht nüchtern!«
Dann denke ich: Moment mal, unterstellst du mir, dass ich
Alkohol getrunken habe? Und das andere Mal, wenn der Arzt
fragt, »Sind Sie nüchtern?«, dann geht es darum, ob ich etwas
gegessen habe oder nicht.

Vielleicht sollte man diese Sprichwörter oder Redewendungen, die ja nun wirklich schon sehr alt sind, einfach
nicht persönlich nehmen und auf sich beziehen.

Marion: Das ist aber schon eine beachtliche Transferleistung,
die man da erbringen muss. Man muss sich in ein anderes
Mindset bringen, was nicht einfach ist. Man müsste sich dann,
um bei unserem Beispiel zu bleiben, erst mal sagen: »Moment,
ich bin ja gar nicht schwarz, meine Haut ist braun.« Diesen
Schritt muss man erst mal machen. Man muss sich innerlich
distanzieren – im Sinne von: »Wenn ich sage, meine Haut ist
braun«, dann muss ich mich auch von dem Begriff Schwarzfahren nicht angesprochen fühlen, weil ich damit nicht gemeint bin. Das verlangt einem aber ganz schön viel ab.

Denkst du denn, dass Menschen mit Schwarzer Hautfarbe
das so einfach können? Oder glaubst du nicht eher, dass sie
sagen: »Warum soll ich meine Einstellung dazu ändern? Ich
fühle mich verletzt und abgewertet, fertig.«

Florence: Das ist, wie du richtig sagst, eine Einstellungssache.
Es ist auch die Frage, wovon ich mich verletzt fühlen will. Wenn
wir über Schwarzmalen, Schwarzfahren und Ähnliches reden,
dann fällt mir aus dem Englischen das Wort Blackmailing –
Erpressung, Drohung – ein. Also Black, das Wort benutzen wir
auch. Da weiß ich gar nicht, ob das Wort jetzt auch verpönt ist,
denn wir sagen im Englischen auch »I'm black«.

Ich weiß, dass diese Begriffe natürlich unterschiedlich verwendet werden und die Einstellungen zu diesen Begriffen unterschiedlich sind. Man kann selbst entscheiden, ob man einen Begriff so auffassen möchte, dass er einen verletzt.

Wenn jemand sagt: »Der ist schwarzgefahren«, dann hat das erst mal nichts mit mir zu tun.

Wenn jemand bei der Ticketkontrolle sagt: »Sie fahren schwarz«, dann hat das natürlich einen anderen Unterton.

Marion: Aber glaubst du, es hat auch entscheidend etwas damit zu tun, ob jemand wegen seiner Herkunft und seiner Hautfarbe bereits Diskriminierungserfahrungen machen musste? Da sind sicher die Empfindlichkeiten ganz anders als bei jemandem, der das noch nie in dieser Weise erlebt hat.

Florence: Absolut! Richtig!

Marion: Und was wäre jetzt der Weg? Mein Weg wäre zum Beispiel, dass ich sagen würde, ich muss versuchen, mein Selbstwertgefühl zu stärken, und es nicht davon abhängig machen, was der andere mit Schwarzfahren meinen könnte.

Florence: Diese Begriffe, das müssen wir zugestehen, sind ja nicht erst gestern erfunden worden. Sie sind offenbar Bestandteil der deutschen Sprache und ursprünglich nicht dazu verwendet worden, um Menschen mit einer anderen ethnischen Herkunft zu diskriminieren. Da gibt es andere Begrifflichkeiten, über die wir in unserer Reihe noch reden werden.

Schwarzfahren, Schwarzmalen und Schwarzsehen haben zunächst erst mal nichts mit einer Person zu tun, die eine dunklere Hautfarbe hat, die also stärker pigmentiert ist. Da sollte man schon unterscheiden: Ist das jetzt ein Begriff, mit dem ein Schwarzer Mensch beleidigt werden soll? Oder ist das ein Begriff, der in der deutschen Sprache verwendet wird – und zwar vollkommen unabhängig von der Hautfarbe? Zum Beispiel einfach für jeden Menschen, der ohne Ticket unterwegs ist.

*Wenn wir jetzt merken,
dass diese Begriffe
Menschen kränken, dann
wäre es zumindest mal eine
Überlegung, zu schauen,
warum sie Menschen kränken.*

Marion: Genau, das ist nämlich vollkommen egal. Wer kein Ticket hat, fährt schwarz – gleichgültig woher die Person stammt oder welche Hautfarbe sie hat.

Florence: Wer einfach immer nur negative Gedanken hat – der malt oder sieht eben schwarz. Das ist für mich ein klarer Unterschied: Ist das ein Begriff, der zwar schon sehr alt ist, aber dazu diente, Menschen, die nicht weiß sind, zu beleidigen, oder ist das ein Begriff, der in der Sprache einfach vorkommt und mit stärker pigmentierten Menschen erst mal nichts zu tun hat? Und das denke ich, hat Schwarzfahren in diesem Fall nicht.

Marion: Das ist doch schon mal ein wichtiger Gedanke. Aber dann haben wir ja auch noch das andere. Das, was gerade mit diesem Begriff passiert – er wird aufgeregt diskutiert und wir haben sofort zwei Lager. Wir haben die einen, die sagen, das geht aber so nicht, und die anderen, die zwar erst mal zusammenzucken, dann aber sagen: »Was soll das denn? Schwarzfahren haben wir schon immer gesagt und das machen wir auch weiter so.« Und schon hast du eine große Konfrontation.

> *Also auf jeden Fall überlegen: Können beziehungsweise müssen wir etwas verändern in unserem Sprachgebrauch?*

Florence: Das ist etwas, bei dem ich sage, dass wir aufpassen müssen, und zwar in beide Richtungen. Sprache verändert sich und Sprache entwickelt sich. Natürlich gibt es Begriffe, die wir schon sehr lange verwenden, aber eben in ganz unterschiedlichen Kontexten oder auch in unterschiedlichen historischen Zusammenhängen. Wenn wir jetzt merken, dass diese Begriffe Menschen kränken, dann wäre es zumindest mal eine Überlegung, zu schauen, warum sie Menschen kränken.

Wenn ich hier als Schwarze Person spreche, heißt das ja nicht, dass ich für alle Schwarzen spreche. Ich sage zunächst mal meine Meinung und es kann sein, dass andere Schwarze Menschen sagen: »Ja, mit dem, was sie sagt, können wir mitgehen.« Und andere sagen vielleicht: »Nein, das ist überhaupt nicht unsere Meinung.«

Daher denke ich, dass es nicht wehtut, zu überlegen, ob es in unserer Sprache Dinge gibt, die andere Menschen kränken. Das hat jetzt nicht nur etwas mit der ethnischen Herkunft zu tun. Wir haben noch andere Begriffe, die Menschen kränken können. Begriffe, die man zu anderen Zeiten verwendet hat, aber heute eben nicht mehr. Also auf jeden Fall überlegen: »Können beziehungsweise müssen wir etwas verändern in unserem Sprachgebrauch?«

Ich finde, dass wir in diesen ganzen – teilweise sehr aufgeheizten – Diskussionen immer mal wieder einen Schritt zurücktreten und uns fragen sollten: »Wie gehen wir hier eigentlich miteinander um?«

Die andere Seite muss aber auch Geduld haben, denn das ist ein Prozess. Man streicht nicht einfach ein Wort und damit ist die Haltung dahinter gestrichen. Es ist ein Prozess.

Marion: Ja, und ich glaube, es ist ganz wichtig, zu erkennen, dass so eine Auseinandersetzung eine Eigendynamik entwickeln kann, die nicht konstruktiv ist. Also dieses Wechselspiel aus einem vorwurfsvollen »Das kannst du aber nicht sagen!« und dem trotzigen »Ich sage, was ich will – und das haben wir im Übrigen schon immer so gesagt!«. Das führt zu nichts. Weil ein Vorwurf immer erst mal eine Abwehrhaltung erzeugt und selten zu einem offenen, konstruktiven Dialog führt. Ich finde, dass wir in diesen ganzen – teilweise sehr aufgeheizten – Diskussionen immer mal wieder einen Schritt zurücktreten und uns fragen sollten: »Wie gehen wir hier eigentlich miteinander um?«

>> *Spätestens nach der dritten Wiederholung der Erklärung erwarte ich, dass dieser Begriff nicht mehr verwendet wird.*

Die meisten (weißen) Menschen – würde ich mal behaupten – verwenden diese Begrifflichkeiten nicht in irgendeiner bösen Absicht. Und die Frage ist, wie kann man diesen Menschen deutlich machen, dass andere sich vielleicht dadurch verletzt fühlen, ohne dass es immer gleich zu Abwehrreaktionen kommt? Sondern zu einem guten Austausch miteinander?

Also wie gehen wir aufeinander zu? Vielleicht, wenn man mal ganz ruhig sagen würde: »Da gibt es einen Begriff, mit dem fühle ich mich nicht wohl, können wir bitte mal darüber reden?« Dann ist das schon eine ganz andere Haltung und Ausgangslage, als wenn man sagt: »Also dieser Begriff ist unmöglich, den können wir wirklich nicht verwenden. Er ist diskriminierend und wir müssen uns sofort davon trennen.« Das erzeugt Abwehr. Auch wenn diese Abwehr inhaltlich gar nicht gerechtfertigt ist.

Florence: Das verstehe ich. Bei diesen Begriffen muss man natürlich unterscheiden. Schwarzfahren ist etwas anderes als das N-Wort. Da habe ich zum Beispiel kein Verständnis. Gut, auch hier kommt es wieder darauf an, wer vor mir steht. Wenn zum Beispiel eine ältere Person vor mir das N-Wort benutzt, dann habe ich schon noch die Geduld und erkläre ihr, warum dieses Wort nicht geht. Dann sage ich auch nicht, dass das nicht ganz so schön ist, sondern ich sage, dass das tatsächlich überhaupt nicht geht.

Spätestens nach der dritten Wiederholung der Erklärung erwarte ich, dass dieser Begriff nicht mehr verwendet wird. Oder wenn mich jemand fragt, wie mir das neulich passiert ist, ein Herr Mitte 60, der sagte: »Früher haben wir diesen Begriff«, und er hat ihn dann ausgesprochen, »früher haben wir den immer benutzt, aber ich möchte verstehen, warum dieses Wort jetzt nicht mehr geht. Bitte erklären Sie es mir.«

Das finde ich in Ordnung. Das ist aber ein Unterschied zu Schwarzmalen und Schwarzfahren. Denn, wie gesagt, bei Schwarzfahren muss ich mich nicht persönlich angegriffen fühlen. Da kann ich dann etwas entspannter in der Diskussion sein, als wenn es um das M-Wort, das N-Wort oder das Z-Wort geht.

Marion: Und wie machen wir es jetzt anders? Wie machen wir es besser?

Florence: Bei den Begriffen Schwarzfahren, Schwarzmalen und Schwarzsehen sollten wir insgesamt etwas gelassener sein und vielleicht erst mal auf die Genese und den historischen Zusammenhang schauen. Deshalb war es tatsächlich interessant, mal zu hören, wo diese Begriffe überhaupt herkommen. Vor allem Schwarzfahren, um dann zu schauen, ob das etwas mit mir und meiner ethnischen Herkunft zu tun hat. Und wenn ich merke, dass es gar nicht so ist, dann kann ich doch entspannt sein. Und das möchte ich auch sein.

Marion: Ein guter Gedanke. Wichtig ist auch die Art, wie wir darüber sprechen. Unsere Kommunikationshaltung. Also:

Wenn es irgendetwas gibt, wodurch man sich verletzt fühlt in der Sprache oder bei der Verwendung von Begriffen – sagen: »Ja, damit habe ich oder haben wir ein Problem, darüber sollten wir alle gemeinsam einmal reden. In Ruhe und in gegenseitigem Respekt.« Dann ist, glaube ich, eine gute Basis geschaffen, von der aus man gemeinsam nach Lösungen suchen kann.

Florence: Da stimme ich dir zu.

Marion: Denn der beste Weg ist: »Reden und zusammen!«

Fazit

Worte können erfreuen oder irritieren, sie können schmeicheln oder verletzen. Wie bei jedem gesprochenen Wort steht die Wirkung immer im Zusammenhang mit der sendenden und empfangenden Person. Wenn Begriffe oder Redewendungen uns also triggern, ist es wichtig, zunächst für uns selbst zu klären, warum dies der Fall ist.

Darüber hinaus unterliegt Sprache stets einem gesellschaftlichen Veränderungs- und Entwicklungsprozess. Um eine Wortbedeutung weniger emotional und mehr rational zu betrachten, ist ein sprachwissenschaftlicher Blick durchaus hilfreich.

Wichtig ist:
Erst recherchieren, dann diskutieren!

Und sich folgende Fragen zu stellen:
Wo kommen bestimmte Begriffe her?
Welche Geschichte ist damit verbunden?

Informationen, die weiterhelfen können:

Duden – Band 7: Das Herkunftswörterbuch. Etymologie der deutschen Sprache. 6. überarbeitete Auflage. Bibliographisches Institut, Mannheim 2020

Klaus Müller (Hg.): Lexikon der Redensarten. Herkunft und Bedeutung deutscher Redewendungen. Bassermann, München 2005.

 Leibniz-Institut für Deutsche Sprache:
https://www.ids-mannheim.de/

 Gesellschaft für Deutsche Sprache e. V.:
https://gfds.de/sprachberatung-3/

Wenn Irritationen oder der Eindruck von Diskriminierung durch Sprache entstehen, ist es gut und richtig, das anzusprechen. Besser noch, gemeinsam nach einer Lösung zu suchen, die nicht nur sprachsensibel ist, sondern auf die sich alle verständigen können.

Nicht immer ist das Suchen nach einer gemeinsamen Lösung möglich, weil das Gegenüber die eindeutig verletzende Wirkung eines Wortes nicht akzeptieren möchte, dann ist eine klare Grenzziehung unvermeidbar.

»Geh doch als ›Afrikanerin‹!« – Wo sind die Grenzen bei Karnevalskostümen?

Karneval – Fasching – Fastnacht. Ein buntes, fröhliches Fest. Eine Gelegenheit, sich durch ein Kostüm eine andere Rolle und eine andere Identität zu geben. Das Alltags-Ich für ein paar Stunden hinter sich zu lassen. Was aber, wenn Karnevalskostüme Menschen anderer Herkunft auf Stereotype reduzieren? Die Verkleidung als Menschen indigener, afrikanischer oder chinesischer Abstammung – ist das nur ein netter Spaß oder das Bedienen eines rassistischen Klischees? Wo ist da die Grenze?

Marion: Heute sprechen wir über die Karnevalszeit. Mich als Rheinländerin bewegt dieses Thema ganz besonders. Deshalb geht es um Verkleidungen. In der Gegend, aus der ich komme, verkleidet man sich an Karneval gern. Meine Eltern, und auch ich war von klein auf dabei, haben immer gerne den Kölner Karneval gefeiert – in allen möglichen Kostümierungen. Und den dazugehörigen Klischees. Ich sage nur: »Cowboy und I-Wort.«

Florence: Du lieber Gott. Und das mit mir als norddeutschem Mädchen, dem es schon peinlich war, den Regenschirm so umzudrehen, dass ich auch ein paar von den geworfenen Bonbons – wir sagen nicht Kamelle – abbekommen habe.

Marion: Schön, dass du dieses Thema trotzdem mit mir besprechen willst. Gab es denn in Buxtehude überhaupt so etwas wie Karneval?

> *Heute denke ich, wir waren damals eigentlich nur in Stereotypen unterwegs.*

Florence: Ja, gab es. Und die Kinder haben sich auch verkleidet. Ob ich mich verkleidet habe, daran kann ich mich gar nicht mehr erinnern – vielleicht will ich das aber auch gar nicht. Es wurden auch Bonbons geworfen. Schirme wurden umgedreht, um sie aufzufangen. Ich habe dann immer gedacht: »Warum? Wir können die Bonbons doch auch kaufen.« Später, als ich selbst Mutter war, bin ich mit meinem

Kind auch zum Karnevalszug gegangen und es hat mich nur angeschaut und gemeint: »Mama, seit wann heben wir Essen vom Boden auf?« Damit war die Sache dann auch weitgehend erledigt.

Marion: Ich bin damit aufgewachsen. Als Teenager fand ich es zugegebenermaßen auch nicht mehr so cool, aber später habe ich das dann durch meine Kinder, die ganz gerne bei der rheinhessischen Fassenacht dabei gewesen sind, wiederentdeckt. Für mich als kleines Mädchen war das Verkleiden jedenfalls immer großartig. Prinzessin und Burgfräulein waren meine Favoriten. Alles, was ein bisschen geglitzert hat. Einmal war ich auch – und da wird es dann aus heutiger Sicht schwierig – ›Zigeunerin‹. Mit schwarzer Perücke, Kopftuch, buntem Fransenkleid und einem Tamburin. So ein bisschen wie Esmeralda im *Glöckner von Notre Dame*. Natürlich verwendete man als Namen für das Kostüm den rassistischen Begriff. Damals hat sich darüber niemand Gedanken gemacht – und ich als Kind sowieso nicht. Oder wenn sich jemand als ›I...‹ verkleidet und sich das Gesicht rot angemalt hat. Oder die ›M...‹ mit ihren schwarzen Gesichtern. Da waren ganze Gruppen mit Afroperücken, Baströckchen und schwarzer Schminke unterwegs. Aus heutiger Sicht würde ich sagen: Ein ziemlich krasser Griff in die Rassismuskiste.

Florence: Also zwei Fragen hätte ich jetzt an dich. Erstens: »Ist dir das heute peinlich? Die Vorstellung, mit schwarzer Perücke, Fransen und Kopftuch verkleidet gewesen zu sein?« Und zweitens: »Ist es dir peinlich, damals solche Begriffe benutzt zu haben?«

Marion: Ich habe mir damals als Kind keine Gedanken darüber gemacht. Ich fand dieses Kostüm einfach schön. Es hat
Spaß gemacht, mal in eine ganz andere Rolle zu schlüpfen. Ich
glaube, das ist es auch, worum es bei diesen Verkleidungsfesten
geht – Karneval, Fasching, Maskenball, Umzug, egal, wie man
sie nennt. Es geht darum, mal jemand ganz anderes zu sein.
Kinder mögen das, glaube ich, ebenso wie Erwachsene. Es hat
vor allem etwas Spielerisches.

Heute denke ich schon, mein Gott, damals haben wir einfach diese Begriffe verwendet und uns nix dabei gedacht.
Ich möchte noch hinzufügen, dass ich als Kind nie irgendetwas Abwertendes in diesem Zusammenhang wahrgenommen habe. Die Leute, das war mein Gefühl, haben sich
nicht verkleidet, um jemanden abzuwerten oder sich über
ihn lustig zu machen, sondern um selbst Spaß zu haben an
ihrer Verwandlung. Die ihnen im Übrigen oft auch dabei
geholfen hat, mal ein bisschen aus sich herauszugehen und
ausgelassen zu feiern. Zum Kölner Karneval gehören auch
die Garden mit den Funkenmariechen. Das sieht immer
ein bisschen militärisch aus, bedeutet aber eigentlich das
genaue Gegenteil. Die Motivation, aus der diese Garden
entstanden sind, war, den preußischen Militärdrill hopszunehmen, also, sich darüber lustig zu machen. Die Dinge
nicht so ernst nehmen, nicht alles so eng sehen, fröhlich
zusammen zu feiern und einmal für kurze Zeit aus dem
grauen Alltag auszubrechen und jemand anders zu sein.
Das ist die Grundidee des Karnevals.

Heute denke ich, wir waren damals eigentlich nur in
Stereotypen unterwegs. Verkleidungen, die grob überzeichnet
waren. Ich meine, wir haben uns ja keine traditionelle
afrikanische Kleidung angezogen, sondern das, was für uns

ganz holzschnittartig Afrika darstellte. In diesem Sinne war es tatsächlich unbedacht.

Florence: Das war dann wohl einfach die Zeit, in der man das alles überhaupt nicht reflektiert hat. In Buxtehude gab es auch dieses Sichverkleiden. Ich fand das immer sehr komisch, wenn jemand zu mir sagte: »Ach, du könntest dich doch als ›Afrikanerin‹ verkleiden.« Dann hat man mir irgendwas angezogen, was entsprechend aussehen sollte. Meine Eltern haben auch Tracht getragen. Daher kenne ich das. Immer wenn ich in Nigeria war, habe auch ich Tracht getragen. Die Familien waren daran zu erkennen, dass sie alle Kleidung aus dem gleichen Stoff trugen. Vom Baby bis zur Oma. Das sah wunderschön aus und ganz anders als das, was an Rosenmontag in Deutschland als »afrikanisch« durchging. Ich dachte dann stets: »Unsere Trachten passen doch gar nicht zu eurem Karneval.«

Wenn ich heute noch mal zu einem Umzug oder zu einer Faschingssitzung gehen sollte, was ich wohl nicht tun würde, weil es mir einfach nicht liegt, dann würde ich mir vermutlich eine Berufsgruppe als Verkleidung aussuchen. Also Flugbegleiterin oder Bäckerin oder so etwas. Aber sich wie jemand aus einer bestimmten ethnischen Gruppe zu verkleiden, halte ich für ziemlich schwierig. Weil es Menschen, zu Recht, triggern kann. Eins habe ich bis heute noch nicht verstanden, vielleicht kannst du es mir als diejenige, die Karneval mag, ja mal erklären: Was hat es eigentlich mit diesem Blackfacing auf sich? Woher kommt das? Ich war an Fasching mal im Badischen unterwegs und habe dort viele Menschen gesehen mit schwarz geschminkten Gesichtern und einem Afro auf dem Kopf. Und ich dachte nur: »Ich muss hier weg!«

Marion: Da waren viele?

Florence: Ja, Leute auf dem Dorfplatz. Frauen und Männer. Mit Afroperücken und schwarzen Gesichtern. Das war fast die einzige Tracht, die ich gesehen habe.

Marion: Also eine Tracht war das wohl eher nicht. Vermutlich eine Fußgruppe bei einem Karnevals- oder Faschingsumzug. Da wird gerne mal ein Volksgruppenstereotyp bedient. Indigene Völker, Afrikaner oder Chinesen mit großen Hüten und langen herunterhängenden Schnurrbärten, gelb geschminkt. Alles sehr überzeichnet. Sambatänzerinnen, Hawaiianerinnen mit Baströckchen und Blumenketten um den Hals, das totale Klischee. Damit alle sofort sehen, was gemeint ist und was hier dargestellt werden soll. Damit gerät man aber eben auch schnell in Gefahr, dass sich diejenigen, die einer dieser Gruppen angehören, lächerlich gemacht fühlen. Andererseits gibt es zum Beispiel in den USA deutsche Wirtshäuser, in denen die Servicekräfte im Dirndl oder in der Lederhose rumlaufen, obwohl sie gar keine Deutschen sind. Hinzu kommt, dass Dirndl und Lederhose zwar im Ausland mit Deutschland verbunden werden, aber eigentlich ja vor allem zu Bayern gehören. Ich denke immer: Hallo? 90 Prozent aller Deutschen sehen so nicht aus! Trotzdem ist es das Bild, das man sich von uns macht. Das könnte mich nun auch wieder ärgern, aber ich frage lieber: »Wo treffen wir uns am besten in der Mitte?«

Florence: Wenn es um Kostüme geht, würde ich sagen, Verkleidungen aus dem Bereich Berufsgruppen fände ich für mich in Ordnung. Wenn es darum geht, eine ›Afrikanerin‹

darzustellen, dann wäre das sehr schwierig. Schon allein deshalb, weil es die ›Afrikanerin‹ so nicht gibt.

Marion: Es gibt auch nicht den Deutschen oder die Deutsche. Die Lederhose beziehungsweise das Dirndl repräsentiert uns nicht. Es ist ein Klischee.

Florence: Gut, dann müsste man in diesem Fall vielleicht Europa als Vergleich nehmen.

Marion: Aber auch hier ist alles voller Stereotypen. Selbst, wenn man sagt, es gibt nicht den Europäer oder die Europäerin, dann haben wir trotzdem noch die Nationen und ihr jeweiliges Klischeebild: der Franzose mit Baskenmütze, Ringelshirt und Baguette unter dem Arm, der Engländer mit Melone auf dem Kopf, Regenschirm in der einen und einer Tasse Tee in der anderen Hand, die Niederländerin mit Holzschuhen und einem großen Gouda und so weiter.
Lauter Überzeichnungen, die wir alle kennen und sofort zuordnen können.

Florence: Das stimmt. Aber die Diskussionen und der Unmut über solche Darstellungen entstehen dort, wo es auch um den Diskriminierungsaspekt geht. Warum muss ich in einem Karnevalszug eine indigene Person darstellen, sie überzeichnen und ›lustig‹ aussehen lassen, wenn diese Menschen einer Gruppe angehören, die in ihrer Geschichte schmerzhafte Erfahrungen mit Unterdrückung gemacht hat?

Marion: Ein wichtiger Gedanke. Da sollte es eine größere Sensibilität geben. Ich glaube zwar nicht, dass es im Karneval diskriminierend oder übergriffig gemeint ist, sondern dass man einfach nicht weiter darüber nachdenkt. Trotzdem wäre hier ein Perspektivwechsel sicher gut. Damit verbunden auch die ernsthafte Frage an sich selbst, ob man das wirklich so darstellen sollte. Wenn dann eine ganze Fußgruppe mit Ringelshirt und Baguette unter dem Arm auftritt, wird das hoffentlich die deutsch-französische Freundschaft nicht trüben, sondern als der Spaß verstanden, der damit auch gemeint war. Also lieber vorher nachdenken und sich im Zweifelsfall für ein anderes Kostüm entscheiden als für das Baströckchen.

Florence: Genau. Es gibt Kostüme, die einfach nicht angebracht sind. Da sollte man vorher wirklich überlegen. Das war jetzt fast schon eine etwas ernste Folge zum Thema Karneval.

Marion: Warte mal ab, wenn wir dich an Karneval als Stewardess verkleiden, dann wird es vielleicht doch noch lustig!

Florence: Vielleicht. Dann muss ich nur schauen, welche Fluglinie ich repräsentiere. Vielleicht stellt mir eine Fluglinie ein Originaloutfit zur Verfügung, dann komme ich zum Kölner Karneval und lass mich fotografieren. Versprochen!

Marion: Wir halten fest: Verkleidungen an Karneval sind ein durchaus sensibles Thema.

Florence: Falls wir jemanden mit unseren Äußerungen oder mit bestimmten Begriffen getriggert haben sollten, bitten wir um Entschuldigung. Wichtig ist in jedem Fall, offen darüber zu sprechen. Miteinander. Und mit uns. Aber bitte macht es in einer Form, dass die andere Person auch noch zuhören mag und nicht gleich dichtmacht.

Denn die Grundlage jeden guten Miteinanders ist: »Reden und zusammen!«

Fazit

Verkleidungen, die klischeehaft Menschen repräsentieren, die aufgrund ihrer Herkunft, sexuellen Orientierung oder sonstiger Individualität besonders im Kontext der Kolonialgeschichte oder in der Gegenwart Diskriminierung erfahren haben oder erfahren, sind ein absolutes No-Go und stellen keine Diskussionsgrundlage dar.

Stattdessen ist es wichtig, über Möglichkeiten von Verkleidungen nachzudenken, die niemanden verletzten oder bloßstellen. Berufsgruppen, Fantasy-Figuren, Tiere oder Alltagsgegenstände sind in jedem Fall eine weltoffene Alternative.

Sich vor der Entscheidung für ein Kostüm die Zeit zu nehmen und sich selbst die Frage zu stellen, ob es wirklich eine klischeehafte Darstellung anderer Kulturkreise sein muss, und sich gegebenenfalls mit anderen Menschen darüber auszutauschen, kann helfen, keine unbedachte Wahl zu treffen.

Das Kölner Antidiskriminierungsbüro hat dazu bereits 2017 die Aktion »Ich bin kein Kostüm« ins Leben gerufen, in der sehr deutlich über die Hintergründe verschiedener Stereotype und Diskriminierungen aufgeklärt wird:

 https://www.oegg.de/plakatreihe-ich-bin-kein-kostuem

Auch der kleine Leitfaden zum Stichwort »Kostüme ohne Diskriminierung« kann einen Perspektivwechsel anregen:

 https://www.rnd.de/lifestyle/karneval-ohne-diskriminierung-welche-kostueme-sind-tabu-QP2WEW7NYFEF7B5UJO7U2LJLE4.html

»Die zweite Klasse ist auf der anderen Seite!« – Wie umgehen mit Diskriminierungserfahrungen?

Wenn die Hautfarbe darüber entscheidet, ob ein Mensch zur Zielscheibe von abwertendem Verhalten wird und wie man damit umgehen kann. Diskriminierungserfahrungen mit der Deutschen Bahn.

Marion: Florence, du hast etwas erlebt, das noch gar nicht so lange her ist. Eine Situation, von der ich dachte, dass das heutzutage einfach nicht mehr passiert. Dennoch war es so.

Auf einer Zugfahrt mit der Deutschen Bahn, bei der du darauf hingewiesen worden bist, wo dein eigentlicher Sitzplatz sein müsste.

Florence: Ja, zumindest hatte ich das Gefühl. Dieses Gefühl trügt mich selten.

Ich bin eine sehr entspannte Person. Mein Filter ist nicht so, dass ich immer gleich denke, dass mir jemand irgendetwas Böses will.

Aber in diesem Fall war es anders. Ich bin in die erste Klasse eingestiegen und habe auch keinen suchenden Eindruck gemacht. Ich war froh, dass der Zug da war, und wollte zu meinem Platz. Eigentlich wollte ich erst noch eine Bahnmitarbeiterin vorbeilassen, weil ich gemerkt habe, dass sie in ihr Arbeitsabteil gehen wollte.

Auf einmal sagte sie aus dem Nichts zu mir: »Hier geht es in die erste Klasse, in die zweite Klasse geht es in die andere Richtung.«

Marion: Sie sagte das in welchem Ton? Das würde mich jetzt interessieren. Wie sagte sie das?

Florence: Es war erst mal nur die Aussage: Das ist die erste Klasse, in die zweite geht es da lang.

Ich dachte, okay, und habe sie gefragt, warum sie mir das jetzt sage. Denn, wenn ich irgendwo in einem Laden bin, bei den Servietten zum Beispiel, dann sagt mir ja auch niemand, dass die Milch dort hinten steht. Das habe ich in diesem

Moment nicht gesagt, sondern nur gedacht. Sie wiederholte, dass dies die erste Klasse sei und dass es zur zweiten Klasse in die andere Richtung ginge.

Ich denke schon, dass sie sich da bereits ertappt fühlte.

Es gab dann eine weitere Mitarbeiterin, die hinzukam und mir erläutern wollte, dass ihre Kollegin mir nur den Weg erklärt hätte.

> *Ich möchte die Situation*
> *begreifen und verstehen.*

Ich wollte dann auch weiter und aus der Situation herausgehen. Da hörte ich, wie die erste Mitarbeiterin so etwas sagte wie: »Diese Leute immer.«

Sie regte sich über mich auf, woraufhin ich dann nochmals zurückgegangen bin und zu ihr sagte: »Nein, diese Situation ist irgendwie gerade verdreht und falsch.«

Na ja, ein Wort gab das andere. Eine dritte Mitarbeiterin, von der ich dachte, dass sie die Zugchefin sei, brüllte dann los: »Schluss jetzt. Wir wollen jetzt unsere Arbeit machen!«

Das war eine Situation, die mir selten passiert ist. Beziehungsweise, das ist mir so noch nie passiert.

Ich habe mich dann hingesetzt. Später kam jene Mitarbeiterin, die ein bisschen vermitteln wollte, und fragte, ob sie sich setzen dürfe, da sie gerne über die Situation mit mir reden wolle: »Ich möchte die Situation begreifen und verstehen.«

Das war dann der Punkt, an dem ich dachte, dass es doch für etwas gut gewesen sein könnte. Wenn wir solche Situationen haben, geht es nicht um den Fehler, den wir machen. Es geht darum, wie wir damit umgehen. Nun könnte man natürlich sagen, dass sie doch gar keinen Fehler gemacht hat. Sie habe lediglich gesagt, wo welche Richtung sei. Aber natürlich muss man die Situation betrachten und sich die Frage erlauben, warum sie das gesagt hat.

Marion: Was ich aber jetzt noch mal wissen möchte, ist, ob die brüllende Frau die Zugchefin war. Ich frage das, weil ich vor Kurzem auch eine schreiende Zugmitarbeiterin erlebt habe.

Sie bediente im Bord-Bistro. Als sie mir einen Kaffee bringen sollte, riss sie sich ihre Schürze herunter und schrie: »Nein, Schluss jetzt, Feierabend. Ich bringe hier niemanden mehr irgendwas. Wir pfeifen hier auf dem letzten Loch.«

Sie bekam einen furchtbaren Wutanfall, weil sie der Meinung war, dass das Personal ständig überlastet sei. Offenbar hatten sie Personalausfälle, möglicherweise coronabedingt.

Ihr ist der Kragen geplatzt und sie hat in diesem Moment alles an der Person ausgelassen, die ihr gerade gegenüberstand, und diese Person war ich. Dass sie mir einen Kaffee bringen sollte, war wohl der Tropfen, der das Fass zum Überlaufen gebracht hat.

Ich habe dann sehr deutlich gesagt, dass das so nicht ginge, wir so nicht miteinander reden, und wenn sie Stress hätte, sie dies bitte mit ihrem Vorgesetzten besprechen müsse. Trotzdem war das aus der Situation heraus, die damals der allgemeinen Pandemielage geschuldet und schwierig für die Mitarbeitenden war, irgendwie auch verständlich. Ich habe schon verstanden, dass ihre Wut nicht gegen mich persönlich gerichtet war.

Aber dass die Frau dich in die zweite Klasse schicken wollte, das war etwas anderes.

Florence: Ja, nun ist es möglicherweise ein Pflaster, das ich mir in diesem Moment versuche, selbst aufzukleben. Ich möchte die beiden Situationen einmal miteinander vergleichen. Denn letztendlich geht es darum, wie wir miteinander umgehen und wie wir miteinander sprechen.

Die Frage ist, was war der Auslöser? Ist es die vermeintlich nervende Kundin, die noch einen Kaffee möchte oder die Kundin, die nicht ins Bild passt. Es sind also zwei Ebenen, die ich betrachten möchte.

Natürlich hatte ich das Gefühl, dass ich für sie nicht ins Bild passte, dass ich falsch sei und eigentlich in die zweite Klasse gehörte.

Jetzt könnte die Bahnmitarbeiterin entgegnen, dass sie das gar nicht gesagt habe, sie hätte mir nur den Weg gewiesen.

Dennoch bin ich der Meinung, dass man beachten muss, wen man vor sich hat – und das nicht nur bezogen auf eine Einschätzung der Person, sondern im Hinblick darauf, wie es von dieser Person aufgefasst werden könnte.

Dabei erwarte ich gar nicht, dass sie hätte wissen müssen, wie ich es auffassen würde. Sondern in dem Moment, in dem ich ansetzte und deutlich machte, wie es bei mir ankam, genau in diesem Moment hätte sie durchaus bemerken können, dass sie in ein Fettnäpfchen getreten ist.

Damit hätten wir beide umgehen können. Sie hätte sagen können, dass sie das nicht so gemeint habe! Ich wiederum wäre einen Schritt zurückgegangen, weil ich begriffen hätte, dass sie es nicht so gemeint hat. Dann wären wir beide unserer Wege gegangen.

Aber so zu tun, als ob ich die Querulantin sei, das war der Tropfen, der das Fass zum Überlaufen brachte. Das Fettnäpfchen war das eine, das hätte ich noch stehen lassen können.

Aber dann herumzubrüllen. Damit war eindeutig eine Grenze überschritten. Das ist vergleichbar mit der Mitarbeiterin, die keinen Kaffee mehr bringen wollte. Ich bin kein Blitzableiter. Niemand unter den Bahnreisenden ist ein Blitzableiter, egal wo.

Wir haben es hier mit zwei Ebenen zu tun, bei denen ich denke, es hätte jeweils anders laufen können.

So wie die Mitarbeiterin, die dann zu mir gekommen ist, weil sie die Situation begreifen wollte, die mit Tränen in den Augen vor mir saß und sagte: »Danke, das habe ich jetzt verstanden.«

Marion: Ist das so ein Moment, in dem du sagst, dass es sich doch immer wieder lohnt, miteinander im Dialog zu bleiben? Auch in Situationen, die wirklich unmöglich sind, so wie die, die du erlebt hast?

Aber es ist auch gut, wenn wir mal innehalten und überlegen, wie wir miteinander umgehen.

Florence: Das war eine Situation, in der ich zunächst drauf und dran war, den Zug zu verlassen. Mit solchen Menschen möchte ich keine Reise antreten. Ich bin dann aber doch nicht ausgestiegen.

Als die andere Mitarbeiterin kam und sagte, dass sie die Situation begreifen wolle, dachte ich, dass es doch etwas Gutes hat. Nämlich, dass wir in dem Moment miteinander sprechen, uns austauschen, dass wir etwas begreifen.

Ich kann Stress nachvollziehen. Der Zug hatte Verspätung beziehungsweise ein Zug fiel aus, deshalb stand ein Ersatzzug bereit.

Ich verstehe das alles und wollte die Zugbegleiterin beim Einstieg vorbeilassen, weil ich bemerkte, dass sie in Eile war.

Ich möchte empathisch sein und Verständnis haben. Aber mich dann als Querulantin hinzustellen, das ging nicht.

Letztlich hätte ich das Nachsehen gehabt. Hätte ich ebenfalls gebrüllt, wäre ich wohl des Zuges verwiesen worden. Ich hätte keine Chance gehabt, zu sagen, dass ich nicht diejenige bin, die etwas falsch gemacht hat.

Als ich dann auf meinem Platz saß und die andere Mitarbeiterin zu mir kam, dachte ich: »Doch, das ist schon mal etwas Gutes.«

Kurz zuvor hatte ich den Vorfall in den sozialen Medien öffentlich gemacht und so ist ein Austausch entstanden. Es ging nicht darum, Leute herunterzumachen. Es ging nicht darum, die Deutsche Bahn herunterzumachen. Ich liebe es, Bahn zu fahren. Und liebe es, mit dem ICE zu fahren. Es ist eines meiner schönsten Reisemittel innerhalb Deutschlands. Aber es ist auch gut, wenn wir mal innehalten und überlegen, wie wir miteinander umgehen.

Und das auch in Situationen, wenn einmal etwas schiefläuft. Bei mir läuft auch das eine oder andere Mal etwas schief und ich mache nicht alles perfekt.

Dann ist es gut, in der Lage zu sein, und dazu gehört natürlich viel, sagen zu können: »Ich war gerade so im Stress und mir ist der Kragen geplatzt, aber Sie hätten das nicht abkriegen dürfen. Es tut mir leid.«

Da muss man mir keinen Kaffee spendieren, ich will auch keine Gutscheine geschenkt bekommen und auch kein

Schokolädchen. Sondern da geht es darum, dass man sich normal begegnet. Ich hätte mich gefreut, wenn die brüllende Frau gekommen wäre.

Marion: Das hat sie aber nicht gemacht?

Florence: Oh, nein, sie hat noch einen draufgesetzt und gemeint, es sei ihr egal, wer ich sei. Das ist einfach schade. Dennoch darf man nicht pauschalisieren und sagen, dass alle Bahnmitarbeitenden so seien. Ich bin sehr viel unterwegs und erlebe bei der Bahn oft so herzliche und freundliche Menschen.

Da muss man einfach sagen, es gibt Personen, die manchmal eben schlecht gelaunt sind und ihre schlechte Laune nicht im Griff haben.

Marion: Aber die Frage, die ich mir als diejenige, die diese schlechte Laune abbekommt, dann stelle, zwar nicht in dem Kontext, in dem du sie noch mal verschärft abbekommen hast, ist: »Muss man dafür Verständnis haben beziehungsweise wie viel Verständnis muss man dafür haben?«

Also wir sind auch Menschen, die im öffentlichen Raum arbeiten, du in deinem Bereich und ich im Radio. Jetzt stell dir mal vor, ich würde da einfach Leute anranzen und meine schlechte Laune raushängen lassen? Ich bin der Meinung, Job ist Job, und da muss man sich schon grundsätzlich ein bisschen zusammenreißen können, oder nicht? Jetzt mal abseits von allem.

Florence: Das denke ich auch und erwarte das eigentlich auch.

Mir haben im Anschluss so viele Menschen geschrieben und berichtet, dass ihnen Ähnliches passiert sei, obwohl sie nicht Schwarz seien oder keine sichtbare Migrationsgeschichte hätten, sondern weiß seien. »Ich bin mit einem zerrissenen Hemd eingestiegen und wurde verwiesen«, schrieb einer. »Ich hatte meine Mama im Rollstuhl dabei und wurde verwiesen«, schrieb eine andere Frau.

Also verschiedene Situationen. Da denke ich, dass es um Empathie, um Respekt, um Wertschätzung und auch darum geht, seinen Job zu lieben.

Trotzdem kann es passieren, dass ich mal einen Tag habe, an dem ich meinen Job nicht liebe und einfach genervt bin.

Dafür habe ich auch Verständnis. Es wäre etwas anderes gewesen, wenn ich sie gefragt hätte, wo die erste Klasse sei und sie mir geantwortet hätte, dass sie keine Zeit habe, weil sie ihre Schicht beginnen müsse. Dafür hätte ich noch Verständnis gehabt. Aber ich wollte ja gar nichts von ihr.

Ich hätte sogar noch Verständnis dafür gehabt, wenn sie danach gekommen wäre und gesagt hätte: »Es ist heute so ein schrecklicher Tag, mir ist irgendwie der Kragen geplatzt, aber ich möchte mich einfach bei Ihnen entschuldigen.«

Wir wären zum Schluss gut miteinander gewesen. Ich kann dann auch mit den Leuten lachen und einfach gut mit ihnen sein. Von daher, ja, ich habe Verständnis, manchmal vielleicht zu viel.

Marion: Ja, ganz offenbar ein bisschen zu viel. Wobei, weißt du, auf der anderen Seite, wenn du nicht wieder runterfahren kannst, dann kommst du auch nicht miteinander ins Gespräch.

Wenn sich der eine danebenbenimmt, und diese Frau hat sich krass danebenbenommen, in jeder Hinsicht, und du dann genauso heftig reagiert hättest, lass uns das einmal durchspielen: Ihr beide hättet euch vielleicht angeschrien, das wäre alles ganz unschön geendet. Ihr wärt dann beide mit dem Gefühl aus der Situation gegangen, die jeweils andere ist das Letzte. Und ihr wärt vielleicht mit den jeweiligen Vorurteilen, dass Bahnmitarbeitende blöd sind und dass, ich sage es jetzt mal wirklich krass, Schwarze gerne mal einen großen Aufstand machen, rausgegangen. Ihr hättet beide gedacht, dass diese Klischees stimmen. Mit anderen Worten, es ist wirklich bitter nötig, emotional etwas runterzufahren, auf beiden Seiten. Das hat sie aber nicht geschafft. Wie ist es denn jetzt ausgegangen?

 *Es ist aber wichtig, dass die Mitarbeitenden geschult werden.*

Florence: Also ich hätte ja, wie du richtig sagst, dann das Nachsehen gehabt. Ich hätte ebenfalls hochfahren können, dann würde der Zug da heute noch stehen. Ich habe gedacht, dass da ja Menschen sind, die einfach wollen, dass der Zug endlich losfährt. Da gehe ich lieber aus der Situation raus, damit nicht noch weitere Menschen involviert werden. Dann kam die andere Mitarbeiterin, was sehr schön war, und wir sind gut ins Gespräch gekommen. Inzwischen war ich auch mit Verantwortlichen der Deutschen Bahn im Austausch.

Letztendlich müssen wir es gut sein lassen. Es ist aber wichtig, dass die Mitarbeitenden geschult werden. Das ist wirklich sehr wichtig. Es gibt fast überall Antirassismus- oder Antidiskriminierungstrainings, die hier sensibilisieren können.

Zu sensibilisieren ist bitter notwendig. Meine Arbeit ist sehr auf Antidiskriminierung fokussiert. Rassismus ist ein Teil von Diskriminierung.

Mir geht es um Sensibilisierung und Antidiskriminierung. In meinem Fall war es eben eine Diskriminierung aufgrund der ethnischen Herkunft.

Diskriminierung geschieht aufgrund der Genderfrage, aufgrund der Religion, aufgrund des Erscheinungsbildes, der körperlichen Versehrtheit und so weiter. Mir geht es um Sensibilisierung und Antidiskriminierung. In meinem Fall war es eben eine Diskriminierung aufgrund der ethnischen Herkunft.

Da muss sensibilisiert werden. Ich hoffe, dass der Vorfall etwas in Gang gebracht hat und für mehr Sensibilisierung sorgen wird. Dafür bin ich in einem guten Austausch mit Verantwortlichen der Deutschen Bahn – und denke und hoffe, dass es gut wird.

Marion: Ja, das hoffe ich auch. Das Plädoyer ist einfach, dass man darüber reden muss. Das andere Extrem ist, es einfach gut sein zu lassen und zu sagen: »Ich rege mich nicht weiter darüber auf.«

Dann wird es vielleicht wieder eine Situation geben, in der die Mitarbeiterin genauso reagiert, wem auch immer gegenüber. Ich finde schon, dass es wichtig ist, das zu spiegeln, den unbequemen Weg zu gehen und die Situation auszutragen. Obwohl das nicht allen liegt.«

Florence: Nein, und das muss es auch nicht sein. Nicht jede Person muss in einer solchen Situation helfen oder vermitteln.

Das wäre so, als würde mir gegen das Schienbein getreten und ich müsste dafür sorgen, dass der angreifenden Person der Fuß nicht wehtut und mit ihr meine Salbe teilen. Das muss man nicht.

Ich fühle mich oft wie ein wandelndes Cultural-Awareness-Seminar. Ich bin bereit, zu unterstützen und den Perspektivwechsel zu vollziehen, auch hinter die Kulissen gucken zu lassen. Ich bin bereit, zu erklären, warum es ein Fettnäpfchen war. Natürlich kann es sein, dass eine andere Schwarze Person, das anders sieht. Möglicherweise sagt diese Person: »Für mich war es kein Fettnäpfchen.«

In dem Moment wollte ich jedoch wissen: »Warum sagen Sie mir das?« Das war eine einfache Frage. Bei der Tatsache, dass die Reaktion der Bahnmitarbeitenden dann gleich so heftig wurde, hätte ich fragen müssen: »Warum regen Sie sich denn so auf?«

Marion: Florence, hätte es dir denn geholfen, wenn dir jemand aus dem Abteil beigestanden hätte? Wenn dir jemand zur Seite gesprungen wäre und der Mitarbeiterin gesagt hätte: »Hören Sie mal, so geht das hier aber nicht.« Oder sagst du: »Das hätte ich jetzt auch nicht gebraucht?«

Florence: Wenn das jemand in dem Moment sagt, fühlt man sich in der Situation nicht so allein. Aber mir ist es eher peinlich, weil ich das Gefühl habe, ich involviere da noch andere

Menschen. Das mag ich gar nicht so sehr. Auch wenn ich die Hilfe und Unterstützung als höflich empfinden würde, möchte ich niemanden involvieren und der Person den Tag verderben. Das mag ich gar nicht und das wäre mir unangenehm.

Von daher war es okay, dass da niemand war, bis auf diese zweite Mitarbeiterin, die es versucht hat und zu mir an den Platz kam. Das war gut und fühlte sich gut an.

Marion: Unterm Strich, wie geht es auch anders? Sensibler werden dafür, wie man einem anderen Menschen begegnet. Sich nicht von seinen Launen leiten lassen und in ein klischeehaftes Verhalten verfallen. Wenn es dann doch mal passiert, dann auch die Größe haben, hinterher über die Situation zu reden. Im besten Fall kommt man dann auch zu einem gemeinsamen Verständnis.

Und hat man wirklich mal daneben gelangt, sollte man die Größe haben, sich zu entschuldigen.

Florence: Ganz genau, so ist es. Und bei dem, was wir heute wieder besprochen haben, ist ganz wichtig: »Reden und zusammen!«

Fazit

Tief durchatmen?

Versuchen, ruhig zu bleiben?

In einer solchen Situation nicht einfach, aber dringend anzuraten!

Denn das Bahnpersonal verfügt in den Zügen grundsätzlich über das Hausrecht. Wenn sie der Meinung sind, dass Reisende sich nicht angemessen verhalten, können sie diese Personen des Zuges verweisen.

Trotzdem muss man sich auf keinen Fall alles gefallen lassen.

Wer diskriminierendes Verhalten erlebt, hat die Möglichkeit, sich beim Servicecenter oder im Beschwerdeportal der Deutschen Bahn unter Angabe des Datums, der Reisestrecke und der Zugnummer zu beschweren.

Sollte es aufgrund sprachlicher Barrieren schwierig sein, diese Beschwerde in schriftlicher Form einzureichen, können Antidiskriminierungs- und Gleichstellungsbüros, die es in jeder größeren Stadt gibt, unterstützend zur Seite stehen:

 www.antidiskriminierung.org/ratsuchende

Eine weitere sehr gute Anlaufstelle ist der zivilgesellschaftliche Träger der politischen Bildungsarbeit Mosaik Deutschland e. V.:

 https://mosaik-deutschland.de/

Reisende, die diskriminierendes Verhalten beobachten, können unterstützen, indem sie dem diskriminierten Menschen zur Seite stehen. Verbal oder nonverbal. Jede Form von Solidarität ist in einer solchen Situation eine große Hilfe.

Eine wichtige Anlaufstelle ist darüber hinaus das Beschwerdeportal der Deutschen Bahn, an das sich alle wenden können, die schlechte Erfahrungen auf Reisen machen:

 https://www.bkms-system.net/bkwebanon/
report/clientInfo?cin=4db2&c=-1&language=ger

Wichtig ist immer, diejenigen, von denen Diskriminierung ausgeht, unmissverständlich auf ihr Verhalten anzusprechen.

Selektive Solidarität –
gibt es Geflüchtete zweiter Klasse?

Wenn ukrainischen Geflüchteten eine große Welle der Hilfsbereitschaft entgegenschlägt und Geflüchtete mit einer anderen Hautfarbe und/oder anderen Wurzeln als die weiße Mehrheitsgesellschaft an der polnisch-ukrainischen Grenze abgewiesen werden, ist das sehr erschütternd. Und dies, obwohl sie genauso von den russischen Angriffen bedroht sind. Und es stellt sich die Frage: »Gibt es in unseren Köpfen Geflüchtete erster und zweiter Klasse?« Es sind Bilder und Geschichten, die uns sprachlos machen und für die wir kaum Worte finden.

Marion: Miteinander reden – zu einem Thema, das uns alle sehr beschäftigt und viele von uns sicher auch bedrückt: Der Krieg in der Ukraine. Die Bilder, die uns von dort erreichen, sind Bilder der Zerstörung, Bilder des Krieges, Bilder von Menschen, die von diesem Geschehen überrollt wurden, die versuchten, das Land zu verlassen und sich irgendwie in Sicherheit zu bringen. Wir sehen Geflüchtetenströme, wie wir sie seit 2015 nicht mehr erlebt haben, und inmitten dieser Fluchtbewegung etwas, das Florence ganz besonders erschüttert hat.

„

Man muss in diesem Fall schon sagen: Aussortiert und zurückgeschickt.

Florence: Das stimmt. Als sich in den sozialen Medien die Posts häuften, in denen es darum ging, dass Schwarze Studierende oder überhaupt Schwarze Menschen, die die Ukraine angesichts des Krieges verlassen wollten, an der Grenze zu Polen zurückgewiesen wurden, konnte ich das zunächst nicht glauben. Ebenso erging es anderen nicht weißen Menschen. Mir war gar nicht klar, dass so viele Studierende aus Nigeria in der Ukraine waren. Die Posts, die ich gesehen habe, kamen von Medizinstudierenden. Dann habe ich auch gesehen, dass Studierende aus muslimisch geprägten Ländern wohl offenbar ebenso von der polnischen Seite aus am Verlassen der Ukraine gehindert wurden. Ein Medizinstudent schilderte, dass er vier Tage lang versucht habe, über die polnische Grenze zu kommen, doch immer wieder von polnischen Grenzbeamten zurückgeschickt worden sei. Man muss in diesem Fall schon sagen: Aussortiert und zurückgeschickt. Mich als Mutter hat das sehr schockiert.

Marion: Während also allen anderen Menschen, die aus der Ukraine kommen, eine unglaublich große Hilfsbereitschaft entgegengebracht wird, in Polen und in Ungarn zum Beispiel – was natürlich wunderbar ist –, wird aber trotzdem ein Unterschied gemacht zwischen den willkommenen Geflüchteten, also den Menschen aus der Ukraine, und den Menschen, die in der Ukraine leben, aber aus einem anderen Kulturkreis stammen. Das ist eine rassistische Diskriminierung, die ganz offen stattfindet. Erschütternd.

Florence: Dieses Aussortieren und Unterscheiden machen mich erst mal sprachlos. Da entsteht der Gedanke: Aha, das ist also eine Solidarität, bei der unterschieden wird, wer sie verdient und wer nicht. Ich frage mich: Was steckt dahinter? Vielleicht die Überlegung, dass man zuerst den Menschen helfen muss, die aus diesem Land stammen, und die anderen ohnehin nur Gäste sind, die halt zusehen sollen, wie sie nach Hause kommen? Ich habe darauf keine plausible Antwort gefunden. Was kann die Motivation sein für ein solches Verhalten? Dass im Zweifelsfall in Europa zunächst den Menschen aus anderen europäischen Ländern geholfen wird? Und dann erst den anderen? Ist das etwa mit willkommenen Geflüchteten gemeint?

Marion: Das heißt also, wenn es ein Kriegsgeschehen in Europa gibt, dann ist offenbar die Hilfsbereitschaft gegenüber Menschen, die aus diesem Kriegsgebiet kommen, sehr viel größer als gegenüber Menschen, die aus einem Kriegsgebiet außerhalb Europas kommen.

Florence: Als ich die Bilder gesehen habe, habe ich gedacht, an dieser Grenze sind Menschen, die wegwollen von der Gefahr, und da ist es mir persönlich erst mal egal, ob es Menschen sind, die aus Europa stammen oder anderswo her. Es sind Menschen. Dann habe ich das weiterverfolgt und festgestellt, dass sich in den Social-Media-Kanälen hier in Deutschland plötzlich eine Bewegung von Menschen mit afrikanischen Wurzeln formte, die ich unter der Überschrift »Wir holen unsere Kinder da raus!« zusammenfassen würde. Da gab es dann Aufrufe, zu spenden, Busse zu organisieren, und es wurden Personen gesucht, die die Busse fahren. Das hat mich wirklich bewegt. Weil diese Menschen sich für die jungen Leute dort an der Grenze eingesetzt haben, die ja gar nicht ihre Kinder sind, für die sie sich aber trotzdem verantwortlich fühlten. Das war großartig. Und sie haben nicht nur die jungen Schwarzen Leute rausgeholt, sondern auch die anderen, die dort wegen ihrer Hautfarbe und Herkunft abgewiesen worden sind.

Marion: Hat dich das denn ein bisschen versöhnt mit dem, was vorher an dieser Grenze passiert ist, oder hast du dir gedacht: So was hätte eigentlich überhaupt gar nicht erst passieren dürfen?

Florence: Ich war so froh, dass es diese Initiative gab, die Menschen aus der Ukraine rauszubringen, dass ich zunächst über das andere gar nicht nachgedacht habe. Ich wollte diese negative Energie auch gar nicht an mich heranlassen. Die

Frage: Warum wurden die Menschen aus anderen Kulturkreisen an der Grenze aufgehalten? Ich habe auch einer Frau
geschrieben, die fünf Nächte nicht geschlafen hat, weil sie mit
dem Organisieren dieser Abholungsaktion beschäftigt war.
Diese Initiative hat mich einfach wahnsinnig gefreut.

Marion: Das glaube ich. Es ist beeindruckend, wie sich hier
Menschen aus der Schwarzen Community zusammengetan
haben, um anderen, die in Bedrängnis geraten sind, zu helfen.
Aber das sollte nicht über das hinwegtäuschen, was an dieser
Grenze passiert ist. Es hat mich gewundert, wie sich bei diesem Vorfall die Empörung insgesamt doch sehr in Grenzen
gehalten hat. Wären zum Beispiel Deutsche ohne Migrationsgeschichte an einer Grenze zurückgewiesen worden, hätte
das riesige Wellen geschlagen. Aber in diesem Fall gab es bei
Weitem nicht die öffentliche Aufmerksamkeit, die dieses Thema eigentlich verdient hätte.

Florence: Weißt du, warum das bei mir so anders war? Für
mich ist das ein bisschen wie ein Pflaster. Ich habe mir gedacht: Du lieber Gott, wenn ich mir vorstelle, dass ich in Nigeria leben würde und wüsste, dass mein Kind in Gefahr ist,
und erleben müsste, dass es gerade nicht von dieser Gefahr
wegkommt, weil es daran gehindert wird. Ich hätte keine
Möglichkeit, schnell mal nach Europa zu fliegen und mich
darum zu kümmern. Außerdem wüsste ich gar nicht, wohin
ich mich überhaupt wenden sollte. Vielleicht hätte ich mich
durchgeschlagen und selbst einen Bus organisiert, um auch
noch andere Menschen mitzunehmen. Aber was, wenn das
alles nicht funktioniert hätte? Das ist ein so schmerzhaf-
ter Gedanke, dass ich diese positiven Nachrichten über die

Schwarze Community hier, die den jungen Leuten an dieser Grenze geholfen hat, als eine Art Pflaster empfinde, damit die andere Vorstellung nicht mehr so wehtut.

Marion: Ja, das kann ich verstehen. Da bin ich in diesem Moment offenbar doch mehr Journalistin gewesen als Mutter. Mein Gedanke war einfach: Warum wird ein solcher Skandal eigentlich so runtergekocht? Warum reden wir nicht viel mehr darüber? Wobei ich auf der anderen Seite auch nachvollziehen kann, dass vieles in diesem Konflikt uns alle überrollt. Dass wir uns erst mal sortieren müssen. Ich war im September 2021 in der Ukraine, ich war in Odessa. Ich war in Bessarabien und Moldawien. Ich kenne die Plätze und Orte, von denen ich jetzt solche furchtbaren Nachrichten bekomme. Ich war so beschäftigt damit, das ganze Ausmaß zu begreifen, dass ich zunächst gar nicht so sehr auf diese Nachrichten von der polnischen Grenze geachtet habe. Aber als mir dann klar wurde, dass es da diesen Selektionsmechanismus gibt, da hat mich das unheimlich angefasst, weil Selektion für mich ein absoluter Trigger-Begriff ist.

Okay, du musst dir ohnehin selbst helfen. Du musst es selbst hinbekommen. Das ist eigentlich fast schon erschütternd.

Florence: Das glaube ich dir. Dass ich mich nicht so sehr wie du über die mangelnde Empörung aufgeregt habe, hat noch einen anderen Grund. Ich habe diese Erwartungshaltung nicht mehr. Ich erwarte gar nicht mehr, dass so etwas große Wellen in der Öffentlichkeit schlägt. Sondern ich denke dann immer schon an den nächsten Schritt – im Sinne von: Okay, du musst dir ohnehin selbst helfen. Du musst es selbst hinbekommen. Das ist eigentlich fast schon erschütternd. Gar nichts zu erwarten, sondern es als vollkommen normal zu empfinden, dass sich die Menschen aus der Schwarzen Community hier zusammentun und die Sache selbst in die Hand nehmen. Ohne jetzt der weißen Mehrheitsbevölkerung einen Vorwurf machen zu wollen, aber so habe ich das empfunden. Wir müssen uns einfach selbst helfen. Sonst tut es keiner.

Marion: Es ist ungewohnt, dass du das so formulierst und meine Haltung dazu eine ganz andere ist. Und dass ich mich so darüber aufrege, dass dieses Thema nicht die Aufmerksamkeit bekommen hat, die es verdient. Hast du denn das Gefühl, dass wir das irgendwann, wenn dieser Krieg vorbei ist, noch mal aufarbeiten müssen? Oder machst du da für dich einen Haken dran?

Florence: Ich würde das schon gerne, aber ich denke, wir sollten im Nachgang vielleicht doch noch mal gemeinsam reflektieren, was dort passiert ist. Antworten finden auf die Fragen: Habt ihr das mitbekommen und wenn ja, warum habt ihr nichts unternommen? Es hätten auch andere Organisationen – weiße Organisationen – aus Deutschland dorthin fahren und die jungen Leute abholen können, aber genau das ist nicht passiert. Es haben sich, soweit ich das verfolgen konnte, nur die Menschen aus der Schwarzen Community gekümmert.

Marion: Ich denke auch, dass wir darüber noch mal reden sollten. Über unsere Werte. Da müssen wir uns mal ehrlich hinterfragen und sagen: In solchen Situationen muss jedem Menschen geholfen werden. Ungeachtet der Hautfarbe und ethnischen Herkunft. Wenn das nicht passiert, wie in diesem Fall an der polnischen Grenze, dann muss die Politik hier in Deutschland und müssen das die entsprechenden Entscheidungsträger nachdrücklich einfordern und darauf hinwirken, dass gleiches Recht für alle gilt. (Anmerkung: Glücklicherweise wurde das inzwischen von der EU so beschlossen.)

Florence: Absolut. Aber ich merke jetzt in unserem Gespräch, dass ich überhaupt nicht so sehr auf die Metaebene gehen kann, und ich habe das Gefühl, dass ich das Pflaster ein bisschen gelöst habe, obwohl ich es eigentlich doch so gerne behalten wollte. Traurig einerseits, aber trotzdem auch dankbar wegen der Menschen, die sich so engagiert haben. Am Ende müssen wir uns doch selbst helfen. Gerade deshalb würde mich interessieren, wie andere Menschen darüber denken. Falls es doch noch andere Organisationen gegeben hat, die auch geholfen haben, die jungen Schwarzen Studierenden aus der Ukraine zu holen, dann wäre ich froh, auch von denen zu erfahren. Damit nicht der Eindruck bleibt, dass es allein die Schwarze Community gewesen ist – bei der ich mich sehr für dieses Engagement bedanken möchte.

Auch wenn uns dieses Gespräch an manchen Stellen etwas sprachlos gemacht hat, gibt es nur eines, das uns weiterbringt: »Reden und zusammen!«

Fazit

Wie es afrikanischen Studierenden erging, die hoffnungsvoll in der Ukraine ihr Studium absolvieren wollten und zum Teil auf dramatische Weise daran gehindert wurden, das Land in der Kriegssituation zu verlassen, ist in vielen Presseberichten nachzulesen.

Selbst wenn man sich selbst nur schlecht eine Meinung bilden kann oder möchte, hilft ein Perspektivwechsel, um die Situation des Gegenübers besser zu verstehen.

Hier einige Links dazu:

 https://www.swr.de/swr2/leben-und-gesellschaft/zerplatzte-traeume-afrikanische-studierende-aus-der-ukraine-swr2-leben-2023-02-14-100.html

 https://www.hrw.org/de/news/2022/03/04/ukraine-ungleiche-behandlung-von-auslaenderinnen-bei-der-flucht

 https://www.dw.com/de/afrikanische-studierende-berichten-von-schwieriger-flucht/a-60961814

Der erste Eindruck entscheidet?! – Wenn Menschen in Schubladen gesteckt werden

»Tut mir leid, keine Zeit, ich habe gleich einen Termin mit einer Bewerberin.«
»Ich weiß, die Bewerberin bin ich.«
So hat es Florence bei einem Vorstellungsgespräch erlebt. Weil man ihr offenbar nicht zugetraut hat, weiße Kinder im Fach Deutsch zu unterrichten.
Wenn der erste Eindruck darüber entscheidet, in welche Schublade ein Mensch gesteckt wird und wie man in einer solchen Situation trotzdem souverän reagieren kann.

Florence: Heute geht es um Schubladen und um eine Geschichte, bei der sich die Gemüter sehr schnell erhitzen könnten.

Marion: Ja, leg mal los. Ich glaube, das hat was damit zu tun, dass der erste Eindruck manchmal darüber entscheidet, in welche Schublade ein Mensch gesteckt wird, obwohl das gar nicht gerechtfertigt ist.

Florence: Ganz genau!

Marion: Was hast du erlebt?

Florence: Das ist schon eine Weile her. Ich habe Pädagogik studiert und war lange in der Wirtschaft tätig. Mir wurden immer wieder Stellen als Lehrerin angeboten. Irgendwann habe ich überlegt, ob ich nicht doch mal eine Stelle annehme, und wollte mir die angebotene Stelle anschauen.

Mit einem Schulleiter hatte ich dann telefonisch Kontakt aufgenommen. Er hatte eine freie Stelle, war in Not und brauchte unbedingt eine Lehrkraft.

Ich machte mich auf den Weg. Dort in der Schule fiel mir sofort auf, dass auf dem Schulhof sehr viele Kinder und Jugendliche mit internationalen Wurzeln herumliefen. Auch das Einzugsgebiet schien divers zu sein.

Ich habe mich dann im Sekretariat angemeldet. Die Sekretärin bat mich, draußen auf dem Flur zu warten, mit dem Hinweis, dass der Schulleiter käme, um mich in sein Büro zu bitten.

Ich hatte ein bisschen Zeit und irgendwann ging die Tür des Rektorates auf. Es kam ein Herr im Anzug heraus und ich dachte, dass das der Rektor sein müsste.

Ich bin aufgestanden, bin auf ihn zugegangen, habe ihn begrüßt und wollte gerade ansetzen, meinen Namen zu sagen, als er mich mit den Worten unterbrach: »Nein, ich habe jetzt gar keine Zeit, später, setzen Sie sich mal wieder.«

Ich habe dann noch mal versucht, meinen Namen zu sagen.

Sehr höflich und bestimmt sagte er wieder: »Nein, Sie müssen sich einen Termin im Sekretariat holen. Ich habe jetzt keine Zeit, ich warte auf eine Bewerberin.«

In dem Moment war mir klar: Okay, der wartet schon auf mich, aber er *erwartet* nicht mich.

Daraufhin erklärte ich ihm, um welche Uhrzeit er den Termin mit der Bewerberin habe. Ich sagte ihm, wie der Name der Bewerberin lautete und dass ich das sei.

Marion: Oh, und was passierte dann?

Florence: Dann guckte er mich an und sagte: »Okay, dann kommen Sie mal rein.« Ja, und dann war ich drin im Rektorat.

Marion: Das war alles? Mehr hat er nicht rausbekommen?

Florence: Nein! Es war aber auch okay. Wir haben uns hingesetzt und ich merkte natürlich, dass er sich erst mal sammeln musste. Ich habe versucht, ihm ein wenig darüber hinwegzuhelfen, und gesagt, welche Fächer ich studiert habe, und meinen Lebenslauf erläutert.

Damit habe ich versucht, ihn dabei zu unterstützen, dass er das, was er sieht, mit dem, was er hört, zusammenbringen kann. Da es sich um eine kurzfristige Bewerbung handelte, muss ich dazu sagen, dass ich mich nicht schriftlich mit Bild beworben hatte, was er vorher hätte sehen können.

Irgendwann unterbrach er mich und sagte: »Sie, ich kann Ihnen gar nicht zuhören. Ich überlege die ganze Zeit: Warum sprechen Sie ein *solches* Deutsch?« Tja.

Marion: Aha!

Florence: Und jetzt kommst du?

Marion: Ja, und jetzt komme ich. Ich muss sagen, bei zwei Dingen wäre mir an deiner Stelle die Hutschnur geplatzt.

Zum einen, dass er es nicht nötig hatte, mehr zu sagen als: »Ach, kommen Sie mal rein.« Und zum anderen einfach mitten im Gespräch völlig unvermittelt zu fragen: »Ach, warum sprechen Sie ein *solches* Deutsch?« Also das ist beides ein Verhalten, was ich als absolut rassistisch empfinde. Ja, beides.

Wenn es allerdings so gewesen ist, wie du es geschildert hast, nämlich dass da ganz viele Kinder mit internationaler Biografie über den Schulhof getobt sind, hätte man denken können, dass du vielleicht die Mutter eines Kindes bist.

Aber dich zweimal zu unterbrechen, um dann von dir gesagt zu bekommen, dass du die Bewerberin bist, du redest inhaltlich mit ihm, weil das ein Vorstellungsgespräch ist, und er sagt dann, er könne dir nicht folgen, »weil ich mich frage, warum sprechen Sie eigentlich so gut Deutsch? Wie kommt das? Wie kommen Sie dazu, so gut Deutsch zu sprechen?«. Das finde ich beides schlimm und dafür hätte er sich eigentlich entschuldigen müssen.

Dass ihm das offenbar alles gar nicht klar gewesen ist, das macht die Sache auch nicht besser. Wie ging es dir?

Sie, ich habe hier eine Verständnislücke. Ich verstehe hier etwas nicht und ich möchte es aber verstehen.

Florence: Wie ging es mir damals und wie geht es mir heute damit?

Du bist vielleicht überrascht, aber ich würde diesem Mann gerne heute noch mal begegnen. Ich würde ihm gerne meine Hochachtung aussprechen, auch wenn das vielleicht überrascht. Man muss sich das Umfeld anschauen, in dem er da vor mir saß. Also er als Rektor. Ich als Bewerberin. Ich war noch nicht mal Lehrerin, ich war nur eine Bewerberin. Zwischen uns waren ganz viele Hierarchiestufen. Jetzt traut sich dieser Mann, der in der Hierarchie vier, fünf Stufen über mir steht, sich hinzusetzen und zu sagen: »Sie, ich habe hier eine Verständnislücke. Ich verstehe hier etwas nicht und ich möchte es aber verstehen.«

Natürlich war ich erst mal überrascht. Dann habe ich ihm kurz im Schnellverfahren meine Biografie geschildert – Eltern Mitte der 60er Jahre hier zum Studium, ich hier aufgewachsen, deutsche Pflegemama, nachher Adoptivmama. Dann sagte er zu mir: »Danke und jetzt kann ich Ihnen wieder zuhören.«

Marion: Okay, diesen Teil der Geschichte kannte ich natürlich nicht. Ja, das kann ich verstehen.

Florence: Das Gespräch ging dann weiter. Das fand ich groß. Natürlich hätte ich auch anders reagieren und sagen können:

»Sagen Sie mal, wie kommen Sie mir eigentlich? Ich nehme meine sieben Sachen und gehe.«

Ich fand es so großartig, dass dieser Mann sich nicht zu schade war, zu sagen, dass er begreifen möchte. Er hätte auch nicht fragen müssen und einfach im Nachgang mit seiner Sekretärin zusammen Mutmaßungen anstellen können, warum diese Bewerberin Deutsch spricht, wie sie wohl nach Deutschland gekommen sei, ob sie vielleicht mitgebracht worden ist, wie ein Souvenir. Ich habe durch meine deutsche Mama einen Doppelnamen. Er hätte auch denken können, dass ich hierher verheiratet »worden sei«, oder sich sonst etwas zusammenreimen können. Aber das wollte er nicht, er wollte begreifen. Das fand ich großartig.

Marion: Hat dich das ein bisschen mit der Situation versöhnt, dass er am Anfang, als er dich nicht für eine Bewerberin gehalten hat, weil das offensichtlich nicht in seinem persönlichen Kosmos vorkam, nicht gesagt hat: »Oh, Entschuldigung, das tut mir leid«?

Florence: Na ja, seine ganze Haltung, das »Danke, jetzt kann ich Ihnen wieder zuhören«, war für mich schon ein großes Eingeständnis im Sinne von: »Ich bin Ihnen mit einem Stereotyp beziehungsweise mit einer Schublade begegnet. Ich habe aber gefragt, ob diese Schublade richtig ist, und jetzt haben Sie mir geholfen, die Schublade zu leeren.«

Den Satz: »Danke, jetzt kann ich Ihnen wieder zuhören«, empfand ich schon als großes Eingeständnis. Von daher bin ich diesem Mann zu keinem Zeitpunkt böse gewesen.

Er hat mir die Stelle angeboten. Aus verschiedenen Gründen habe ich sie dann zwar nicht angenommen, aber ich hatte nicht den Eindruck, dass er mir die Stelle als Wiedergutmachung geben wollte.

Ich hätte gut auf die Stelle gepasst, aber ich war, wie gesagt, in der Wirtschaft tätig und wollte sie dann doch nicht. Ich fand es wunderbar, dass er in der Lage war, zuzugeben, Stereotypen im Kopf gehabt zu haben, die er in irgendeiner Form korrigieren wollte.

Das verlangt Offenheit und Toleranz auf beiden Seiten.

Marion: Auch hier wieder ein Zusammenspiel beider Seiten, und das zieht sich wie ein roter Faden durch alle Begebenheiten, über die wir sprechen. Die eine Seite, die fragt, die offenbar verstehen möchte oder ein Verständnisproblem hat, weil etwas nicht mit den eigenen Erwartungen und Vorstellungen einhergeht.

Und die andere Seite, der eine Frage gestellt wird, die erst mal am eigenen Selbstverständnis rührt, weil du natürlich sagen könntest: »Klar, warum sollte ich nicht gut Deutsch sprechen können?«

Das hättest du auch sagen können, aber nein, du erklärst ihm das und danach könnt ihr beide in einer gewissen Grundharmonie dieses Gespräch gut beenden und euch gut voneinander verabschieden. Das verlangt Offenheit und Toleranz auf beiden Seiten.

Florence: Richtig, aber die Art und Weise, wie er mit mir gesprochen hat, und in seiner ganzen Haltung, da war schon fast ein bisschen Demut zu spüren. Da war nichts Überhebliches oder Süffisantes. Ich habe seine Frage als wertschätzend empfunden. Ich kenne auch andere Arten von Fragen, andere Arten von Bemerkungen, bei denen ich dann schon das Gefühl habe, nicht ernst genommen zu werden. Das war bei ihm nicht der Fall. Er wollte wirklich verstehen. Ich glaube, dass diese Begebenheit so sein sollte. Zwar nahm ich danach die Stelle nicht an, und er hatte noch immer keine Lehrkraft, aber er bekam ein kleines, kurzes Cultural-Awareness-Seminar.

Ich wette, dass er in Zukunft, wenn er Menschen mit anderen Wurzeln, Menschen, die nicht zur Mehrheitsgesellschaft gehören, mit anderen Gedanken und einem anderen Bild begegnet ist. Vielleicht mit dem Bild, es könnte sein, dass die Person fließend Deutsch spricht.

Marion: Ja, weil eben eine gute und von Respekt getragene Grundstimmung zwischen euch herrschte.

Da du oft mit solchen Fragen in der einen oder anderen Weise befasst bist, wäre da noch ein Aspekt, über den ich gerne mehr wissen würde. Wenn du Ernsthaftigkeit dahinter spürst, bist du bestimmt eher bereit, auf eine solche Frage einzugehen. Spürst du diese Ernsthaftigkeit immer? Kannst du fühlen, ob ein Mensch, der dich etwas fragt, nur seine Klischees bedienen, eine dumme Bemerkung machen oder einen süffisanten Seitenhieb loswerden möchte, oder ob es ihm ernst ist mit seiner Frage?

Florence: Von mir kann ich sagen, dass ich spüre, ob jemand etwas verstehen möchte. Wenn jemand vor mir steht und sagt: »Ich verstehe das nicht, ich merke aber oder habe gehört, dass eine bestimmte Art zu handeln oder ein Satz oder ein Begriff nicht in Ordnung sind. Ich möchte verstehen, warum.« Dann spüre ich das ernste Anliegen.

Wenn jemand aber ein bisschen süffisant oder herablassend eine Bemerkung macht, zum Beispiel: »Ah, soll ich denn den Leuten Ihr Buch empfehlen?« Und das auf so eine bestimmte Art, dann denke oder sage ich: »Nein, müssen Sie nicht, ist in Ordnung.«

Es kommt auf den Habitus an, wie einem die Person begegnet. Das ist in allen Dingen so und hat nicht nur etwas mit der ethnischen Herkunft oder mit dem Thema zu tun. Man merkt ja, ob jemand etwas ernst meint, ob es der Person ernst ist damit oder ob sie etwas nur sagt, weil man es sagen muss.

Marion: Mir passiert das auch in dem Kontext, dass Männer sich Frauen gegenüber in beruflichen Zusammenhängen manchmal komisch verhalten. Da gibt es auch Diskriminierungsgeschichten, in denen Leute, besonders Männer, sehr gönnerhaft sind. Sie meinen dann, sie müssten so sein, weil sie im Grunde unsicher sind und eigentlich überhaupt nicht wissen, wie sie jetzt mit mir oder mit Frauen in diesem Job oder in diesem beruflichen Kontext vernünftig umgehen sollen.

Es ist unangenehm, wenn jemand so gönnerhaft ist. Mein erster Impuls ist dann: »Komm, bleib mir bitte aus der Hacke.«

Wenn ich aber in einem ruhigen Moment darüber nachdenke, dann frage ich mich schon auch, wie viel davon einfach schlicht Unsicherheit gewesen ist.

Ich kann aber auch nicht von allen mit anderen Wurzeln, von jeder Schwarzen Person erwarten, dass sie diese Geduld haben.

Florence: Ich versuche auch, den Leuten ihr Ansehen zu lassen. Jeder Mensch soll sein Gesicht wahren können. Ich möchte das auch. Es gibt Situationen, egal, ob es jetzt mit unserem Thema zu tun hat oder mit ganz anderen Sachen, in denen ich einfach denke: »Okay, komm, lass, hat jetzt überhaupt gar keinen Zweck.«

Dann gibt es vielleicht eine neue Begegnung und man lernt die Personen ganz anders und ganz neu kennen. Da kann im ersten Moment Unsicherheit im Spiel gewesen sein.

Ich treffe auch auf Menschen, die mir schreiben. Zum Beispiel auf Instagram schrieb mir mal jemand: »Das Thema Alltagsrassismus geht mir so schrecklich auf die Nerven. Überall wird man runtergemacht, aber so, wie Sie es erklären«, und das schrieb diese Person wirklich, »höre ich gerne zu.«

Dann freue ich mich, oder wenn jemand sagt: »Ich bin eigentlich ein richtiger Stammtischler, ich habe gar keinen Bock auf dieses Thema. Aber ich höre Ihnen zu und ich muss feststellen, dass ich anfangen muss zu reflektieren. Ich muss über diese Alltagsrassismen nachdenken und ich möchte das auch tun.«

Dann denke ich, dass schon viel gewonnen ist. Aber das kann ich auch nicht von jedem erwarten. Ich kann weder erwarten, dass jeder diese Offenheit hat und sagt, ich muss darüber nachdenken, ich will reflektieren. Noch kann ich von allen mit anderen Wurzeln, von jeder Schwarzen Person erwarten, dass sie diese Geduld haben und immer nachfragen: »Sind Sie bereit zu verstehen, zu reflektieren, dann erkläre ich es noch mal.« Das kann ich auch nicht erwarten. Ich habe Verständnis, wenn Leute sagen, dass sie keine Lust darauf haben, Dinge zum dritten Mal zu erklären, und das einfach nicht mehr wollen.

Marion: Ja, wenn man das Gefühl hat, es wird immer wieder und immer wieder gefragt, und man denkt, Mensch, jetzt müsste es doch eigentlich klar sein.

Florence: Ja, oder wenn es schon wieder passiert. Es sind nicht nur Fragen, sondern oft subtile Stereotype, die in den Alltag eingebracht werden. Angeblich nur flapsige Bemerkungen, die irgendwann nicht mehr flapsig sind, sondern strukturell wirken. Wenn jemand strukturelle Diskriminierung erlebt, zum Beispiel bei einer Bewerbung, ist das schwierig.

Auf mich ist ein junger Mann zugekommen, der mir sagte: »Ich suche schon seit einem Jahr einen Praktikumsplatz, ich kann mein Studium nicht fortsetzen, weil mir dieses Praktikum fehlt. Aufgrund meines Fotos und meines Namens werde ich gar nicht erst eingeladen, ich kann meine Kompetenzen gar nicht aufzeigen. Können Sie mich nicht unterstützen?«

Nur weil ich gezielt ein paar Menschen mit Entscheidungsbefugnissen angerufen und zu ihnen gesagt habe, dass ich einen jungen Mann kenne, der einen Praktikumsplatz benötigt und den sie bitte einladen mögen, hat er dann auch einen Praktikumsplatz erhalten. Er würde vermutlich sonst heute noch suchen.

Inzwischen arbeitet er erfolgreich in der Schweiz. Das sind strukturelle Geschichten, und die haben nichts mehr damit zu tun, ein bisschen was zu erklären, und dann sind alle gut miteinander. Bei dieser strukturellen Geschichte muss man zum Beispiel überlegen, ob man die Bewerbung mit oder ohne Bild abschickt.

Marion: Sagen wir eigentlich viel zu selten: »Ich verstehe das gerade nicht, aber ich möchte es verstehen.« Wäre das ein Schlüsselsatz?

Florence: Ja, das wäre ein Schlüsselsatz. Wenn mir jemand sagt, ich möchte verstehen, dann bietet er mir eine offene Flanke. Wenn ich da draufhauen würde, also ich persönlich, das würde ich blöd finden, das würde ich nicht machen. Wenn mir jemand sagt, ich möchte verstehen, dann haben wir schon ein Miteinander und die Gesprächssituation nimmt einen Verlauf, der gar nicht aggressiv sein kann. Wenn mir jemand sagt, ich möchte verstehen, so ist das entwaffnend, da kann ich ja gar nicht wütend oder aggressiv reagieren. Das betrifft aber die Alltagssachen, das hat nichts mit Bewerbungen zu tun oder mit einer Wohnungssuche. Da kann ich unter Umständen an der Struktur, an der strukturellen Ausgrenzung scheitern, das hat dann nichts mehr mit verstehen zu tun.

Wenn wir aber über Alltagsdiskriminierung sprechen und wenn jemand anmerkt, er wolle das verstehen, dann sind wir schon einen großen Schritt weiter. Da erkläre ich auch sehr gerne.

Aber noch mal, man kann nicht erwarten, dass das jeder Mensch machen möchte.

Marion: So würde es anders gehen, mit dem Schlüsselsatz, den wir uns merken. Ich nehme für mich auf jeden Fall mit, dass ich sage: »Ich habe das gerade nicht verstanden, ich möchte es aber gerne verstehen.«

Und immer dran denken, die Essenz von allem ist: »Reden und zusammen!«

Fazit

Eine Frage zu stellen kann dazu führen, dass sich das Gegenüber selbst fragt, warum die Kommunikation oder das Verhalten den anderen herabwürdigt und verletzt. Vielleicht passiert das nicht sofort. Manchmal braucht es eine Weile. Zu hinterfragen ist aber auf jeden Fall ein gutes Mittel, um Vorurteile und Stereotype zu entlarven.

Als Person, die in einer Situation als fremd angesehen wird, hilft es, sich zu überlegen, ob das Gegenüber Grund hat, feindlich eingestellt zu sein.

Nicht jede Wissens-, Bildungs- oder Erfahrungslücke des Gegenübers ist mit einer Diskriminierung oder Ausgrenzung gleichzusetzen.

Sich und anderen einzugestehen, etwas nicht zu wissen, und eine Lern- und Reflexionsbereitschaft zu zeigen, sollte niemanden zum Nachteil gereichen.

Wer bei sich selbst feststellt, einem Stereotyp verfallen zu sein, dem ist nur zu raten, dies offen zuzugeben, sich zu entschuldigen und gegebenenfalls Fragen zu stellen. Im besten Fall wird mit einer Frage deutlich gemacht, dass das eigene Unwissen keinen Angriff darstellen sollte, sondern dass die Bereitschaft und Offenheit besteht, das eigene Unwissen zu überwinden.

Nicht jede Person mit internationalen Wurzeln möchte jedoch als interkultureller Coach fungieren. Dann hilft der Blick ins Internet, in dem vielfältige Literatur zu finden ist.

Links zu Literatur:

 https://www.deutschlandfunk.de/schubladen-im-kopf-wie-vorurteile-unser-denken-bestimmen-100.html

 https://www.annefrank.org/de/themen/vorurteile-und-stereotype/was-kann-man-gegen-vorurteile-tun/

 https://www.demokratie-leben.de/magazin/magazin-details/was-ist-der-unterschied-zwischen-vorurteilen-und-rassismus-54

 https://www.charta-der-vielfalt.de/fileadmin/user_upload/Antirassistische_Bewusstseinsbildung/Toolbox_Antirassismus/Methodenkoffer/Methodenkoffer_Antirassistische_Bewusstseinsbildung.pdf

»Du nix richtig – ich dir zeigen wo!« – Wenn Sprache herabwürdigt

Warum verwenden viele von uns eigentlich eine merkwürdige Sprache, wenn sie mit Menschen reden, von denen sie glauben, dass sie kein Deutsch können? Wenn Sprache respektlos wird – und wie wir dieser gedankenlosen Verhaltensweise begegnen können, darüber sprechen wir hier.

Marion: Immer wieder denke ich, dass man bei Themen wie Alltagsrassismus miteinander sprechen und nach Lösungen suchen muss. Eine Sache, die mir sofort eingefallen ist, als wir uns zum ersten Mal darüber ausgetauscht haben, war dieser – ich möchte fast sagen – typische Reflex der weißen Mehrheitsgesellschaft, Menschen, die offensichtlich eine andere ethnische Herkunft haben, auf besondere Weise anzusprechen. Ein Paradebeispiel dafür war meine Oma, die dann Sachen gesagt hat wie: »Nein – du hier nix richtig, ich dir zeigen wo. Ich zeigen – du gucken, ja?«

Wenn jetzt der Angesprochene in glasklarem Hochdeutsch geantwortet hätte, wäre es wirklich peinlich gewesen oder Realsatire. War aber zum Glück nicht so. Es kam also zu keiner größeren Konfrontation, und es war auch von ihr nicht böse gemeint. Aber es war eben nicht richtig.

Als ich dann versucht habe, meiner Oma das Problematische an einem solchen Verhalten zu erklären, hat sie erst gar nicht verstanden, was sie falsch gemacht haben könnte. Als ich sie fragte: »Was wäre denn jetzt gewesen, wenn er dir in fließendem Hochdeutsch geantwortet hätte?«

Da meinte sie immerhin: »Ja, das wäre wirklich blöd gewesen, gell?«

Das war also meine persönliche Erfahrung mit diesem Thema. Wie geht es dir denn damit, dass weiße Menschen manchmal in diesen Sprachduktus verfallen, wenn sie meinen, Menschen mit offensichtlich anderen Wurzeln zu begegnen?

Florence: Ganz unterschiedlich. Es kommt darauf an, wo ich gerade bin. Meist begegne ich aber Menschen, die mich schon kennen, und da passiert so etwas dann nicht. Aber auf einer Feier ist mir schon mal jemand begegnet, der versucht hat, mich auf besondere Weise anzusprechen. Ich dachte: Was ist denn das? Kein Englisch, kein Französisch, kein Italienisch, was spricht der bloß? Dabei schaute er mich die ganze Zeit erwartungsvoll an und ich habe ihm schließlich auf Englisch geantwortet. Da guckte er dann ganz enttäuscht und meinte: »Ach, ich dachte, Sie verstehen Hausa!«

(Anmerkung: Die Hausa sind eine Ethnie, die in weiten Teilen Nord-, West- und Zentralafrikas lebt. Den Schwerpunkt der Besiedlung bildet der Norden von Nigeria und der Südosten Nigers. Ihre Sprache ist Hausa.)

»Nein, ich verstehe kein Hausa.«

Es hat sich dann herausgestellt, dass er während seines Studiums für eine Weile in Afrika gelebt hat und ein paar Brocken Hausa konnte. Er dachte, dass ich natürlich diese Sprache sprechen müsste, weil ich nigerianische Wurzeln habe.

Marion: Hilf mir mal bitte, welche Sprachen werden denn in Nigeria gesprochen?

Wie kommt es, dass Menschen glauben, jemand aus einem vermeintlich anderen Kulturkreis würde sie besser verstehen, wenn sie plötzlich schlechtes und grammatikalisch vollkommen falsches Deutsch sprechen?

Florence: Neben Englisch sind die drei indigenen Sprachen, die von den meisten Menschen gesprochen werden, tatsächlich Hausa, Igbo und Yoruba, Letzteres ist die Sprache meiner Eltern und meiner Familie in Nigeria. Aber zu glauben, dass ein Mädchen aus Buxtehude, und das bin ich ja nun, Hausa sprechen könnte, auch wenn es eine dunkle Hautfarbe hat, war schon ein bisschen lustig.

Was ich allerdings öfter erlebe, ist, dass Menschen sehr langsam mit mir sprechen. So als ob ich sie dann besser verstehen würde. Da gibt es ein Beispiel, das ich ganz gerne erzähle: Ich habe ja mal in der freien Wirtschaft gearbeitet. Mit Mitarbeitern, die Englisch bei mir gelernt haben. Wir haben ein halbes Jahr lang nur Englisch miteinander gesprochen. Viele dachten wohl, ich könnte gar kein Deutsch. Jedenfalls hat dann mal jemand – ich glaube, es war der Chef – in einer Unterhaltung einen Witz gemacht und das in seinem pfälzischen Dialekt. Ich musste sehr lachen. Da hat er sich ganz erstaunt zu mir umgedreht und betont langsam gesagt: »Das haben Sie aber gut verstanden!«

Seine Mitarbeiter waren peinlich berührt und haben ihm auch gesagt, dass sie sein Verhalten unmöglich fanden. Ich muss allerdings über so etwas eher schmunzeln.

Marion: Trotzdem frage ich mich, wie es kommt, dass Menschen glauben, jemand aus einem vermeintlich anderen Kulturkreis würde sie besser verstehen, wenn sie plötzlich schlechtes und grammatikalisch vollkommen falsches Deutsch sprechen. Das ist doch absurd.

Florence: Genau. Man könnte auch normal Deutsch mit ihnen reden. Warum also dieser kindliche Slang?

Marion: Kindlich ist, glaube ich, ein ganz gutes Stichwort.

Viele Eltern sprechen mit ihren Kindern, wenn sie klein sind, in einer Art Babysprache. Im Sinne von: Hattu fein gemacht! Gehen wir da-da? Jetzt gehen wir in die Heia! Und so weiter.

In diesem Sinne behandelt man einen Menschen, von dem man glaubt, dass er unsere Sprache nicht beherrscht, weil er aus einem anderen Kulturkreis kommt, wie ein Kind. Anstatt erst mal offen auf ihn zuzugehen und zu schauen, ob er uns tatsächlich versteht, wenn wir in unserer Sprache mit ihm reden.

Wenn er mit den Schultern zuckt und uns fragend anschaut, dann können wir noch immer versuchen, ob wir mit Englisch oder mit Gestik weiterkommen. Wir würden das doch spontan bei einem anderen weißen Menschen genauso machen, der kein Deutsch spricht. Englisch oder Zeichensprache. Dass wir bei Menschen mit anderen ethnischen Wurzeln da immer wieder einen solchen Unterschied machen, ist bemerkenswert.

Florence: Also in großen Städten passiert mir das weniger. Eher im ländlichen Raum. Ich war allerdings letzte Woche in einem Hotel, das zu einer internationalen Kette gehört, und wurde dort auf Englisch angesprochen. Da dachte ich schon im ersten Moment: Glauben die vielleicht, ich spreche kein Deutsch, nur weil ich Schwarz bin? Aber dann habe ich mir gesagt: Hierher kommen so viele Gäste aus dem Ausland, dass man mit Englisch vermutlich immer auf der sicheren Seite ist. In Berlin passiert das sogar oft in der Gastronomie, dass nur Englisch gesprochen wird.

Marion: Das kann ich bestätigen. Ich finde es, ehrlich gesagt, manchmal ein bisschen affig. Ich komme mir nämlich schon etwas albern vor, wenn eine deutsche Bedienung mit mir als deutschem Gast in einem Berliner Café Englisch spricht, und zwar konsequent.

Respektvolle Kommunikation bedeutet, allen Menschen mit der gleichen Wertschätzung und Ansprache zu begegnen.

Florence: Stimmt. Das sind absurde Situationen. Der Titel meines ersten Buches *Mist, die versteht mich ja!* rührt genau daher, dass Leute Menschen wie mir, wenn sie sie nicht kennen, nicht zutrauen, fließend Deutsch zu sprechen.

Es gab da mal eine Situation in einem Museum. Ich hatte noch einen Schirm in der Hand, weil es draußen regnete. Ein Museumsmitarbeiter wandte sich an meine Begleitung und meinte: »Sie müssen den Schirm bitte da hinten abstellen, bevor Sie in die Ausstellung können.«

Meine Begleitung schaute etwas verdutzt, weil ja nicht er den Schirm in der Hand hielt, sondern ich. Ich meinte nur: »Warum sprechen Sie nicht mit mir, wenn Sie den Schirm in meiner Hand meinen?«

Das war dem Mann unangenehm, da er gedacht hatte, ich würde ihn nicht verstehen. Seine Unsicherheit konnte ich ein Stück weit nachvollziehen. Er wollte wohl sichergehen, dass seine Anweisung verstanden wird, und hat sich deshalb an meine Begleitung gewandt, die weiß war. Trotzdem bleibt in solchen Momenten oft ein gemischtes Gefühl bei mir zurück.

Marion: Sag mal, kränkt es dich eigentlich, wenn du das Gefühl hast, Menschen trauen dir nicht zu, dass du Deutsche
bist und fließend Deutsch sprichst?

Florence: Ganz ehrlich? Manchmal mache ich sogar ein
Spiel daraus. Einfach, weil ich entspannt damit umgehen
kann. Ich weiß ja, wie gut ich Deutsch spreche. Deshalb
ist es kein wunder Punkt für mich und auch kein Defizit.
Wenn Menschen dann denken, sie müssten jemand anderes
fragen, quasi stellvertretend für mich, weil ich ja vielleicht
kein Deutsch verstehe, dann kann das schon auch lustig
sein.

Ich war mal privat zu Besuch und die Gastgeberin hat
immer jemand anderes gefragt, ob ich denn etwas trinken
möchte oder vielleicht gar Hunger habe? Sie hätte mich direkt
ansprechen können. Hat sie aber nicht.

Trotzdem versuche ich immer erst mal, das Gute in solchen
Momenten zu sehen. Diese Gastgeberin hat sich zum Beispiel
sehr nett um mich bemüht. Ich bleibe dann gerne gelassen
und warte auf meinen Moment. Und wenn ich dann ganz
selbstverständlich Deutsch spreche und das Erstaunen der
anderen sehe, hat das etwas sehr Unterhaltsames.

Marion: Kann ich nachvollziehen. Das geht mir interessanterweise hin und wieder so, wenn ich im Ausland bin und dort
deutschen Touristen begegne. Ich höre sie dann miteinander
reden, zum Beispiel in Geschäften, und irgendwann gebe ich
mit einer Bemerkung zu verstehen, dass ich auch Deutsche
bin. Das ist manchmal lustig, wenn dann in ihren Gesichtern
zu lesen ist: Oh, die hat ja alles verstanden …

Florence: So ergeht es mir in anderen Ländern aber auch. Auch in Ländern, in denen ich die Landessprache ein bisschen verstehe und vielleicht sogar ein paar Brocken spreche. Interessant, wie Leute da manchmal reagieren, wenn sie merken: Mist, die hat mich ja verstanden!

Marion: Wann ist denn für dich der Punkt erreicht, an dem du sagst: »Nein, das ist jetzt nicht mehr lustig. Da bin ich auch nicht mehr entspannt?«

Florence: Ich denke, der Kontext ist entscheidend. Wenn es um Gäste aus anderen Ländern geht, die sich als Reisende hier aufhalten, um sich Land und Leute anzuschauen, habe ich überhaupt kein Problem mit einer holprigen Art der Verständigung. Weil beide Seiten das meist eher entspannt sehen, sich sogar einen kleinen Spaß daraus machen, dass die Sprachkenntnisse so limitiert sind. Anders ist es dagegen bei Menschen, die nach Deutschland gekommen sind, um hier zu leben. Die stehen unter dem Druck, möglichst schnell und gut Deutsch zu lernen. Damit sie hier eine Perspektive haben und einen Job finden.

Ich habe mich mal mit einem jungen Mann unterhalten, der in kürzester Zeit hervorragend Deutsch gelernt hat. Er hat sich dann ziemlich darüber aufgeregt, als ich ihm dazu gratulieren wollte, indem ich sagte: »Sie sprechen wirklich schon sehr gut Deutsch!«

Ich habe das selbst auch schon erlebt, dass jemand nach einer Rede in einem beruflichen Kontext zu mir sagte: »Eine sehr schöne Rede. Und auch noch in einem so guten Deutsch!«

Ich empfand das als sehr gönnerhaft, weil diese Person durchaus hätte klar sein können, dass ich in meiner offiziellen

Funktion als deutsche Schulamtsdirektorin dort aufgetreten bin und nicht als Gastrednerin aus dem Ausland.

Aber so etwas hatte ich diesem jungen Mann gegenüber auf keinen Fall ausdrücken wollen. Trotzdem hat er sich aufgeregt.

Es sind die Umstände, von denen ich eben sprach. Es hat ihn aufgeregt, weil er dachte, er kann es noch nicht gut genug, wenn man ihm immer noch anhört, dass er nicht von hier stammt. Das betrifft also andere Empfindlichkeiten und Ängste.

Marion: Wie machen wir es jetzt anders? Und vor allem besser?

Florence: Ich würde sagen, die Leute zunächst ganz normal ansprechen. Mit korrekter Grammatik, ohne irgendeinen vereinfachten Sprachduktus und in ganz normalem Tempo. Wenn man das Gefühl hat, man sollte das Gesagte noch mal wiederholen, dann kann man das tun. Aber bitte nicht in gebrochenem Deutsch mit Menschen sprechen, weil man glaubt, sie würden einen sonst nicht verstehen. Respektvolle Kommunikation bedeutet, allen Menschen mit der gleichen Wertschätzung und Ansprache zu begegnen. Dazu passt unser Motto: »Reden und zusammen!«

Fazit

In Deutschland haben etwa 30 Prozent der Bevölkerung eine internationale Biografie. Viele dieser Menschen leben bereits in zweiter oder dritter Generation in Deutschland, sind hier geboren und zur Schule gegangen. Deutsch ist zumindest ihre Zweit-, wenn nicht sogar Erstsprache. Es ist also angebracht, zunächst einmal davon auszugehen, dass das Gegenüber der deutschen Sprache mächtig ist.

Sollte das nicht der Fall sein, hilft es zu fragen, welche Sprache das Gegenüber bevorzugen würde. So könnte versucht werden, den Sachverhalt in einfacher Sprache darzustellen, es könnte Englisch angeboten oder auf ein digitales Übersetzungstool auf dem Smartphone zurückgegriffen werden.

Was jedoch vollkommen unangemessen ist und einen absoluten Affront darstellt, ist der Verfall in sogenannte Babysprache. Der Respekt für den anderen Menschen steht immer an erster Stelle.

Eines darf nie vergessen werden: Unser Wert als Mensch bemisst sich nicht daran, ob und wie gut wir eine fremde Sprache sprechen. Eine Person, die nur die deutsche Sprache beherrscht, kommt in den meisten Ländern dieser Welt damit nicht weiter. Toleranz, Verständnis und ein Perspektivwechsel im Umgang mit Menschen, die die deutsche Sprache erst noch erlernen, ist deshalb die Grundvoraussetzung für eine gelingende Kommunikation.

Dreadlocks nur für Schwarze? – Wo beginnt kulturelle Aneignung?

Darf eine weiße Musikerin Dreadlocks tragen? Ist das Tragen von Dreadlocks bei Weißen kulturelle Aneignung? Wie ist das denn umgekehrt? Wenn Schwarze Menschen ihr Haar glätten?

Fragen über Fragen.

Aber anders als in aktuellen Diskussionen, in denen sich die Fronten zu verhärten drohen, versuchen wir gemeinsam zu überlegen, warum dieses Thema so schnell so heftig hochkocht und ob die Art, sein Haar zu tragen, wirklich immer politisch sein muss.

Florence: In diesem Kapitel wollen wir uns buchstäblich nicht in die Haare kriegen.

Marion: Unser Thema heißt Dreadlocks. Ganz konkret geht es um die Dreadlocks, also kleine verfilzte Haarsträngen, von Ronja Maltzahn. Sie ist eine weiße Musikerin, die diese Frisur trägt und bei einer Veranstaltung von Fridays for Future auftreten sollte. Dort wurde sie erst ein- und dann ganz offiziell wieder ausgeladen. Die Leute von Fridays for Future sagten, dass es sich um kulturelle Aneignung handeln würde, wenn ein weißer Mensch Dreadlocks trägt. Sie hätte kommen dürfen, wenn sie sich ihre Dreadlocks abgeschnitten hätte.

Das ist das Thema, das in der Diskussion gerade sehr hochkocht und über das wir reden möchten.

> *Mir wurde klar, dass es da eine ganz besondere Sensibilität gibt.*

Florence: So ist es. Wenn ich beginne, über das Thema Abschneiden von Haaren nachzudenken, schauert es mich erst einmal. Das Abschneiden von Haaren empfinde ich als etwas ganz Persönliches, fast schon Intimes. Da hat es mich erst einmal geschüttelt.

Marion: Als ich das las und mir klar wurde, dass eine Person ausgeladen wurde, weil sie Dreadlocks trägt, war ich erst einmal baff. Dann habe ich angefangen, mich mit dem Thema Dreadlocks ein bisschen auseinanderzusetzen.

Natürlich wusste ich, dass hinter dieser Frisur, hinter dieser Art, das Haar zu tragen, eine Haltung, eine Kultur, eine Geschichte steht. Eine Geschichte, die mit einer Kultur verbunden ist. Eine Geschichte der Unterdrückung, eine Geschichte von vielen grausamen Erfahrungen. Mir wurde klar, dass es da eine ganz besondere Sensibilität gibt. Trotz alledem war mein erster Reflex zu fragen, ob es denn dann umgekehrt auch in Ordnung ist, wenn Schwarze Menschen sich ihr Haar glätten. Mich würde interessieren, Florence, wie du darüber denkst.

Ich frage mich, ob das etwas ist, was sie machen können, wie sie wollen, weiße Menschen mit Dreadlocks aber nicht.

Florence: Ich muss sagen, ich habe von dieser Geschichte erst ganz spät erfahren. Ich glaube, da war die Welt um mich herum bereits in hellster Aufregung. Dann hattest du mir auch den Link geschickt und ich habe das gelesen.

Erst mal dachte ich: »Leute, wir haben gerade andere Sorgen.« Das war mein erster Impuls.

Dann kommt dazu, dass ich seit meinem 21. Lebensjahr Braids, also kleine geflochtene Zöpfe, trage. Dreadlocks hatte ich noch nie, weil ich einfach mein Haar nicht verfilzen lassen wollte, auch wenn ich es mir schon mal überlegt hatte.

Damals hatte ich eine weiße blonde Freundin, die die Braids einfach so großartig fand, dass sie sich ebenfalls welche hat machen lassen. Sie sah aus wie die blonde Bo Derek.

Ich erinnere mich, dass wir in Lüneburg zusammen in einem Bus saßen. Ein älteres Ehepaar saß uns gegenüber, guckte uns an, worauf die Frau zu ihrem Mann sagte: »Guck mal, jetzt hat die sich auch die Haare so machen lassen, damit ihre Freundin nicht so allein ist.«

Das war der Moment, in dem ich dachte, dass sie die Frisur bei mir normal fanden, bei ihr aber nicht.

Wir haben an derselben Universität studiert und meine Freundin wurde auf ihre Braids ganz anders angesprochen als ich. Bei mir empfanden die Menschen sie als natürlich, bei ihr ein bisschen aufgestülpt und übernommen.

Ich dachte jedoch, dass man die Leute machen lassen sollte, wie sie möchten. Wenn ich jemanden mit einer besonderen Frisur sehe, dann schaue ich mir das einfach an und frage mich, ob es zu der Person passt oder nicht. Ich kam bisher aber nicht auf die Idee, zu sagen, dass die Person das nicht darf.

In genau die Richtung geht aber diese Diskussion. Weil man es als kulturelle Aneignung sieht. Deshalb fragt man: »Darf sie das?«

Das fand ich spannend.

Marion: Ja, darf und kann eine Frisur politisch sein?

Mir fiel zum Beispiel spontan die klassische Punkfrisur, der Irokesenschnitt oder Irokesenkamm, ein. Wie der Name schon sagt, kommt der auch aus einem anderen Kulturkreis. Die Punkbewegung als solche war ja in ihrer Intention erst einmal gar nicht kulturell ausgerichtet.

Die Intention war, sich gegen das Establishment, gegen das System, gegen die Gesellschaft zu stellen und zu sagen: »Ich bin anders, ich bin nicht konform mit euch als Gesellschaft, ich sehe mich anders.« Das ist der Irokesenschnitt.

Wenn jetzt jemand Rastalocken, also Dreadlocks, trägt, ist das in erster Linie vielleicht auch ein Zeichen zu sagen: »Ich bin nicht so konform beziehungsweise, ich stehe auch ein bisschen anders da als die bürgerliche Gesellschaft. Ich bin anders unterwegs.«

Ich glaube, dass es bei Personen aus der Unterhaltungsbranche oder dem künstlerischen Bereich so sein könnte. Die sagen: »Auch durch die Art, wie ich mein Haar trage, einen Irokesenschnitt, oder eben Dreadlocks zeige ich, ich bin anders als ihr und ich gliedere mich vielleicht nicht so ein in die Gesellschaft, wie die meisten anderen.« Die Frage ist nur, dürfen sie das?

Florence: Genau. Es ist das erste Mal, dass ich mich damit befasse und mir diese Frage stelle.

Wenn ich eine Person sehe, die Dreadlocks trägt, habe ich immer das Gefühl, diese Person sei mir näher. Ich habe ihr automatisch unterstellt, dass sie eine gewisse Solidarität zeigen möchte. Denn sobald sie etwas aus meinem Kulturkreis trägt, könne sie gar nicht gegen mich sein. Auch wenn ich selbst keine Dreadlocks trage, hatte das für mich im ersten Moment etwas Sympathisches, etwas, das weder gegen mich noch gegen meine Herkunft gerichtet sein konnte.

Es lässt sich niemand Dreadlocks machen oder sich das Haar verfilzen, um sich die nächsten fünf Jahre über eine Kultur lächerlich zu machen.

Das muss aber nicht der Fall sein. Für das Tragen von Dreadlocks gibt es sicherlich unterschiedliche Gründe. Aber etwas Negatives habe ich nie unterstellt.

Das ist, was mich jetzt etwas verunsichert und gerade auch ein bisschen stört.

Marion: Das finde ich aber faszinierend, dass du das sagst.

Im ersten Moment habe ich auch so gedacht wie du. Mein zweiter Gedanke war, dass ich das vielleicht nicht richtig empfinde, weil ich weiß bin. Ich dachte auch, dass jemand, der das macht und sich optisch dafür entscheidet, Offenheit zeigt und damit signalisiert: »Ich laufe jetzt nicht so rum, wie jeder hier rumläuft, nämlich mit einem gestuften Bob, wie viele in Mitteleuropa, oder mit langem glattem Haar oder mit Pferdeschwanz oder mit hochgestecktem Dutt. Sondern ich will bewusst ganz anders aussehen, weil ich das faszinierend finde.«

Bei der Frisur entscheidet sich jemand ganz bewusst dafür und nicht, um eine Kultur lächerlich zu machen.

Man würde nicht so aussehen wollen, wenn man das Empfinden hat, dass es furchtbar aussieht, sondern weil man es hübsch findet. Deshalb zeigt das für mich grundsätzlich immer eine gewisse Offenheit.

Florence: Es gibt noch einen anderen Aspekt, der mir einfällt. Das Gespräch hatten wir schon einmal beim Thema Fasching und Verkleidung. Ich finde aber, dass das jetzt noch mal etwas anderes ist.

Wie du sagtest, bei der Frisur entscheidet sich jemand ganz bewusst dafür und nicht, um eine Kultur lächerlich zu machen.

Es lässt sich niemand Dreadlocks machen oder sich das Haar verfilzen, um sich die nächsten fünf Jahre über eine Kultur lächerlich zu machen.

Ich habe dann überlegt, ob es noch andere Aspekte gibt, und hatte dazu ein sehr interessantes Gespräch. Und zwar wurde ich gefragt, wie es bei dem Thema mit Jeans aussähe. Haben nicht Jeans zum Beispiel oder Kaffee oder Tee und noch viele andere Sachen, auch eine Historie? Spontan fiel mir ein, dass ich immer dieses Bild von Menschen bei der Baumwollernte vor mir habe, allein schon, wenn ich das Wort Baumwolle höre oder Baumwollblüten sehe. Dann frage ich mich, ob wir eigentlich Baumwollsachen tragen dürfen. Oder ist das zu weit hergeholt?

Marion: Eben, genau das ist der Punkt. Wo fängt es an und wo hört es auf? Wo sind wir, wenn wir es damit ganz weit treiben?

Nicht erst in der heutigen Zeit entscheidet sich eine weiße Musikerin, sich Dreadlocks zu machen.

Das hat es im Verlauf der Musik- und Filmgeschichte, du hast Bo Derek angesprochen, schon immer gegeben.

In der Kreativbranche haben sich Leute sowieso immer anders zurechtgemacht, was ich zunächst nie als Affront begriffen habe. Plötzlich wird das ein Politikum und die Folge ist, und das finde ich so fatal, dass man sich nicht hinsetzt, wie wir beide es tun, darüber redet und gemeinsam überlegt, wie das wirken könnte oder was schwierig daran ist. Im Gegenteil, wir haben jetzt schon wieder zwei Lager.

Wir haben diejenigen, die sagen, dass das überhaupt nicht ginge, weil das kulturelle Aneignung sei. Diese Menschen fragen, aus welchem Grund das nicht bemerkt würde, um dann die Forderung zu stellen: »Schneide dir gefälligst dein Haar ab, dann kannst du zu uns kommen.«

Und wir haben die anderen, die sich darüber empören, dass man das als kulturelle Aneignung empfindet.

Damit stehen sich beide Seiten frontal gegenüber. So erlebe ich die Diskussion gerade.

Florence: Wenn ich nun in andere Bereiche gehe, zum Beispiel in die Musik, frage ich mich, ob Weiße, die Musik machen wie Bob Marley, das dann auch nicht dürfen. Zu diesem Thema habe ich einfach sehr viele Fragen. Ich bin sowieso kein Mensch, der anderen verbietet, diese oder jene Kleidung oder Frisur zu tragen, solange das niemandem wehtut. Aber das genau ist der Aspekt, über den wir sprechen: Tut man vielleicht jemandem weh?

Darum frage ich mich, darf dann auch kein Weißer Musik machen wie Bob Marley? Gentleman ist zum Beispiel ein weißer Musiker, der Reggae macht, darf er das nicht mehr?

Es gibt ganz viele weiße Menschen im Showbusiness, die Dreadlocks und Rastas tragen. Dürfen sie das nicht mehr?

Wie ist das mit der Glatthaarperücke bei einer Schwarzen Person? Versuchen wir damit zu zeigen, dass wir zu denen gehören, die es geschafft haben?

Nun werde ich einmal politisch. Die Diskussion geht doch darum, dass wir sagen, die weiße Kultur hat die Schwarze Kultur unterdrückt.

Wenn ich mir jetzt eine glatte Frisur zulege, dann nehme ich die Frisur der Unterdrücker an. Das dürfte ich eigentlich auch nicht. Diese Haltung gibt es durchaus.

Marion: Das ist schwierig, aber ich habe auch ein interessantes Gespräch geführt, bei dem es ebenfalls um dieses Thema ging. Mein Gesprächspartner sagte, dass der Unterschied darin läge, dass der eine aus einer Unterdrückungsgeschichte käme und der andere zwar auch, jedoch von der anderen

Seite. Aus dem Grund gibt es da eine Empfindlichkeit. Wenn Weiße plötzlich aussehen wollen beziehungsweise Attribute übernehmen von einer Gruppe, die unterdrückt worden ist und die als Zeichen dafür mit Stolz diese Frisuren und Dreadlocks trägt, müsse ihr gegenüber mehr Rücksicht genommen werden.

Muss auf der anderen Seite auch Rücksicht genommen werden, wenn sich eine Schwarze Person das Haar glättet? Was meinst du?

Also nicht nur: »Ihr dürft das nicht«, sondern: »Sage mir doch mal deine Motivation.«

Florence: Ich merke, ich habe dazu eine ganz unsichere Meinung. Im Internet habe ich die Geschichte der Dreadlocks nachgelesen.

Nun bin ich keine Historikerin, und ich will auch nicht einfach wiedergeben, was im Internet steht. Dennoch habe ich gesehen, dass es in einigen fernen, nicht afrikanischen Kulturen diese zusammengewachsenen Haarsträngе gab. Ich habe gelesen, dass diese Frisur nicht nur als Dreadlocks bekannt war. In einem Königshaus hatte der König ein Haarwurzelproblem, deshalb war ihm ein Haarstrang zusammengewachsen. Um dem König zu schmeicheln, hat sich jeder am Hof auch einen Haarstrang verfilzen lassen. Das fand ich interessant.

Ich finde, dass bei der Diskussion auch die weißen Leute gehört werden sollten, die Dreadlocks tragen. Warum tun sie das? Das würde mich interessieren.

Also nicht nur: »Ihr dürft das nicht«, sondern: »Sage mir doch mal deine Motivation.«

Wenn eine Person sagt, dass sie das mache, weil es gut aussähe, sie sich solidarisieren wolle, weil sie die Musik gut fände, aber durchaus wüsste, was die Menschen früher durchgemacht hätten, und deshalb Solidarität zeigen wolle, sollte man das nicht verurteilen.

Wenn eine Person in einer Familie aus gesundheitlichen Gründen unter Haarausfall leidet, schneiden sich manchmal die Familienmitglieder ebenfalls aus Solidarität das Haar ab. Damit wollen sie zeigen: »Wir sind an deiner Seite.«

Es würde mich interessieren, warum sich Weiße Dreadlocks machen. Was motiviert sie? Und das, bevor ich zu jemandem sage, er solle sich erst das Haar abschneiden und dann dürfe er kommen.

Marion: An dieser Stelle wäre ein Aufruf an alle Weißen interessant, die Dreadlocks tragen oder jemand Weißes im Bekannten- oder Freundeskreis haben, der diese Frisur trägt. Die Rückmeldungen bezüglich der Motivation wären interessant. Ich fände es auch okay, wenn jemand sagt, dass diese Frisur einfach großartig aussieht, sie geliebt wird und niemandem damit wehgetan werden soll.

Florence, wie wäre das für dich? Wäre das für dich in Ordnung, könntest du das verstehen?

Florence: Ja absolut. Ich fände es gut, wenn jemand eine Begründung hat. Ich merke aber auch, und das ist durch unser Gespräch deutlich geworden, dass es immer gut ist, zu hinterfragen, was man tut.

Man sollte nicht einfach etwas tun, nur weil man denkt, es sei cool. Es ist immer gut und geschickt, sich auch über die Geschichte einer Sache zu informieren und Betroffene zu fragen, um etwas über den kulturellen Hintergrund zu erfahren.

»In eurer Kultur trägt man Dreadlocks, kennst du die Geschichte und kannst sie mir erklären?« Gemäß unserem Motto: Miteinander reden und sich austauschen.

Wenn man sich schon mit ihrer Frisur auseinandersetzt, hätte ich mir gewünscht, dass man die Sängerin auch fragt, warum sie diese Frisur trägt, und ihr sagt, dass das zu den Statuten von Fridays for Future möglicherweise nicht passt.

Dann hätte immer noch eine Entscheidung getroffen werden können. Aber zu sagen: »Schneide das Haar ab, dann kannst du auftreten.«, finde ich einen Tick zu viel und übergriffig.

Marion: Wie immer ist gute Kommunikation alles. Die anderen hören, ihnen zuhören, erst einmal offen sein dafür, was die anderen zu sagen haben, und nicht sofort in eine Abwehrhaltung gehen. Nicht apodiktisch sein und nicht sagen, weil ich das so sehe, lasse ich auch nichts anderes zu.

Sich aufeinander zubewegen und sich austauschen ist immer sehr wichtig.

Aber ich spüre, dass wir dennoch Fragen haben, die wir beide uns nicht beantworten können.

Trotzdem ist es wichtig, miteinander darüber zu reden.

Über allem steht unser Motto: »Reden und zusammen!«

Fazit

Die Diskussion rund um Dreadlocks zeigt, wie wichtig es ist, sich mit den geschichtlichen Aspekten auseinanderzusetzen. Folgende Beiträge bieten einen guten ersten Einblick:

 https://www.deutschlandfunkkultur.de/ dreadlocks-kulturelle-aneignung-fridays-for-future-102.html

 https://www.rnd.de/lifestyle/dreadlocks-und-braids-woher-kommen-die-frisuren-ursprung-geschichte-und-bedeutung-P6OTXWGOOZHPFLPXQL5O5U77IE.html

 https://www.sueddeutsche.de/panorama/ dreadlocks-weisse-geschichte-rastafari-rassismus-kolonialismus-1.5554027

Es ist ein sehr schwieriges Thema. Auf der einen Seite stehen der Respekt und die emotionale Unversehrtheit der Menschen, die sich durch diese Frisur einer kulturellen und ideologischen Gemeinschaft zugehörig fühlen. Auf der anderen Seite stehen jedoch auch Freiheitsideale, nach denen sich jeder Mensch gestalten können sollte, wie er es möchte.

Wichtig ist, ein Bewusstsein dafür zu entwickeln, dass Frisuren nicht nur Ausdruck eigener Weltanschauungen, sondern auch von kultureller Zugehörigkeit sein können.

Ein guter Artikel, der dieses Spannungsfeld aus eigenem Erleben verdeutlicht und interessante Einblicke in den biologischen Ursprung von Dreadlockfrisuren bietet, findet sich hier:

 https://www.dreadfactory.com/blogs/locstories/
dreadlocks-kultur-oder-biologie

Der Aspekt der kulturellen Aneignung gerät ebenfalls stets neu in die Diskussion und auch bei dieser Thematik in den Fokus. Dabei übernehmen Menschen der Mehrheitsgesellschaft Merkmale einer anderen Kultur, die meist zuvor unterdrückt wurde und zum Teil nach wie vor um Anerkennung ringt. Menschen der Mehrheitsgesellschaft machen sich diese Kultur zu eigen, erzielen Gewinne oder nutzen sie gar zur allgemeinen Belustigung.

Die Auswirkungen kultureller Aneignung sind unter folgenden Links näher beleuchtet:

 https://www.deutschlandfunk.de/popkultur-
debatte-was-ist-kulturelle-aneignung-100.html

 https://www.ardmediathek.de/video/respekt/
kulturelle-aneignung-beispiele/ard-alpha/
Y3JpZDovL2JyLmRlL3ZpZGVvLzJhZjkyNW-
ViLTZjOTUtNDc1Mi1hMjMzLTM0NTQyN-
GQwMzgxMw

 https://www.gra.ch/bildung/glossar/
kulturelleaneignung/

Wie schwarz darf Humor sein? – Über die Problematik von kulturellen Witzen

Dürfen Deutsche Witze über Menschen mit türkischen Wurzeln machen? Wie ist das umgekehrt? Dürfen Weiße über Schwarze lachen?

Darf nur der Witze reißen, der die Nationalität auch besitzt oder zu der Ethnie gehört?

Miteinander übereinander lachen – geht das? Bringt uns das vielleicht sogar einander näher als jedes verkrampfte Bemühen um Korrektheit?

Marion: In diesem Kapitel geht es um ein Thema, das eigentlich ganz lustig ist, aber im Kontext von Diskriminierung und stereotypen Denkweisen auch wieder ganz schön schwierig sein kann. Es geht um schwarzen Humor. Wie findest du eigentlich diesen Begriff?

Florence: Ich würde diesen Begriff jetzt nicht auf mich als Person beziehen. Nicht auf mich als Schwarzen Menschen. Schwarz hat in diesem Zusammenhang eine Doppelbödigkeit. Humor, der so bitterböse ist, dass man schon wieder darüber lachen muss. Sprachlich ist das für mich eine andere Ebene.

Marion: Kennst du denn einen Witz, in dem es um Schwarze Menschen geht?

Florence: Nein. Entweder, weil ich nicht viele Witze kenne oder weil solche Witze nicht in meiner Umgebung erzählt werden. Kennst du denn Witze über Weiße?

Marion: Gute Frage. Wenn ich darüber nachdenke, kenne ich eigentlich keinen einzigen Witz, der damit zu tun hat, dass ein Mensch weiß ist. Ich könnte mir jedoch vorstellen, dass vielleicht in anderen Ecken dieser Welt – in Asien zum Beispiel – Witze über Weiße gemacht werden. Über die ›Langnasen‹ – wie uns dort viele nennen.

Florence: Es gibt manchmal Situationen, in denen Leute denken, sie würden einen Riesengag landen, wenn sie mir zum Beispiel beim Fotografieren sagen: »Kommen Sie doch mal raus aus der dunklen Ecke! Man sieht Sie ja gar nicht mit Ihrer dunklen Haut.« Das ist definitiv nicht lustig.

*Schwarzer Humor ist immer
eine Gratwanderung.*

Marion: Was ist mit dem sogenannten ›Türkenwitz‹? Ich habe schon Menschen mit türkischen Wurzeln erlebt, Comedians wie Kayar Yanar zum Beispiel, die sich selbst am meisten über solche Witze kaputtlachen. Sie haben kein Problem damit, auf die Schippe genommen zu werden. Ich frage mich, ob das der entscheidende Faktor ist. Dass es in Ordnung ist, wenn Menschen innerhalb einer Volksgruppe, Nation etc. Witze über sich und ihr Verhalten machen, aber dass es zu einem Problem wird, wenn andere Menschen solche Witze über sie reißen.

Florence: Das könnte ich mir gut vorstellen. Wenn jemand, der einer bestimmten Gruppe angehört, das kann auch die eigene Familie sein, Witze über sich selbst und seine Leute macht, ist es okay. Aber dass jemand anders solche Witze macht, eine weiße Person über Schwarze Menschen, ist für mich nicht akzeptabel. Da würde mir das Lachen, glaube ich, im Halse stecken bleiben.

Marion: Weil du denkst, dass sie dich damit abwerten will?

Florence: Na ja, weil ich denke: Das steht dir gar nicht zu als weiße Person. Ich habe es dir nicht erlaubt. Das ist übergriffig.

Marion: Übergriffig, weil du als Florence das nicht möchtest, dass jemand Witze über die Gruppe macht, der du angehörst, oder übergriffig gegenüber Schwarzen Menschen?

Florence: Beides gleich übergriffig und schwierig.

Marion: Ich glaube, ich verstehe, was du meinst. Ich bin schon oft in Großbritannien gewesen. Wir haben Freunde dort und ich mag die Insel. Weil ich besonders viel übrig habe für den typischen britischen Humor, gehe ich dort auch immer mal wieder ins Kabarett und in Stand-up-Comedyshows. Wo ja gerne auch die deutschen Stereotype bemüht werden: der Zweite Weltkrieg, der Nationalsozialismus, der preußisch-militärische Drill, die Härte der deutschen Sprache.

Oft geht es dabei ziemlich zur Sache, soll heißen, es wird ordentlich ausgeteilt. Dann sitze ich da als Deutsche im Publikum und denke mir: Mensch, so sind wir aber gar nicht mehr. Was wird hier bloß für ein Bild von uns gezeichnet? Aber um mich herum hauen sich alle auf die Schenkel und amüsieren sich köstlich.

Was soll ich sagen? Nach einer Weile musste ich plötzlich auch lachen, weil es so krass überzogen war, dass es schon wieder urkomisch wirkte. Schwarzer Humor ist immer eine Gratwanderung. Zwischen ›Oh Gott, das ist jetzt aber eine Grenzverletzung!‹ und ›Ich muss trotzdem darüber lachen.‹

Florence: Klar, es kommt immer darauf an, wie so etwas präsentiert wird. Es heißt oft in solchen Diskussionen: Satire darf alles. Vielleicht auch: Comedy darf alles. Aber darf sie das wirklich? Es gibt zum Beispiel Schwarze Comedians, die sich über ihre eigene Herkunft lustig machen. Ich erkenne das dann wieder aus den drei Jahren, die ich in Nigeria gelebt habe. Etwa, wenn sie einen Dialekt, der dort gesprochen wird, nachmachen oder Englisch mit Akzent sprechen, dieses typische West African English, dann kann ich auch lachen.

Aber das sind dann Leute aus dem Inner Circle. Die gehören dazu, die dürfen das, Gags über Afrika und afrikanische Menschen machen.

Marion: Es ist immer am einfachsten, wenn jemand sich selbst oder die eigenen Leute auf die Schippe nimmt. Aber wäre es nicht noch besser, wenn man zusammen über alles lachen könnte? Weil es nicht abwertend gemeint ist, sondern von einem grundsätzlichen Respekt getragen wird? Wenn ich merke, dass Humor frei von Gehässigkeit oder Überheblichkeit ist, sondern einfach nur den Spaß am Lustigsein vermitteln will, dann wäre es vielleicht sogar ganz heilsam, miteinander lachen zu können statt übereinander.

Was die eine Kultur witzig findet, kann für die andere Kultur ziemlich verletzend sein.

Florence: Wichtig ist allerdings, immer erst mal zu schauen, wie das bei dem anderen ankommt und auf wessen Kosten es geht. Wenn ich mir jetzt vorstelle, ich sitze mit einer Gruppe im Restaurant und plötzlich fängt eine weiße Person aus dieser Gruppe an, Witze über Schwarze zu erzählen, dann könnte ich nicht einfach so mitlachen. Ich würde wohl zahlen und gehen. Da wäre für mich eine Grenze überschritten. Sie kann gerne Witze über Weiße erzählen, aber nicht über Schwarze und damit auch nicht über mich. Das würde mir vorkommen, als würde sie sich auf Kosten anderer lustig machen.

Marion: Vielleicht könnte man einfach erst mal sich selbst auf die Schippe nehmen, quasi als Eisbrecher, um zu zeigen: Hey, ich kann auch gut über mich selbst lachen! Möglicherweise könnte das ein Türöffner sein im Umgang mit diesem Thema.

Florence: Es bleibt halt schwierig. Ich denke, man kann Witze in der eigenen Community machen und nicht über andere. Das hat auch etwas mit Taktgefühl zu tun. Wir haben das schon an der ein oder anderen Stelle angesprochen. Dass Menschen im Umgang miteinander nicht wissen, wo die Grenzen sind, dass sie nicht erspüren können, wann Stimmungen kippen und Dinge plötzlich ganz komisch bei den anderen ankommen. Dass es sie im schlimmsten Fall auch noch nicht einmal besonders interessiert.

Marion: Also in Frankfurt, wo ich arbeite, leben Menschen aus mehr als siebzig Ländern und sehr unterschiedlichen Kulturkreisen. Wenn nur Witze über die eigene Community gemacht werden dürfen, dann wäre das ja schon wieder eine Art von Separation. Das ist, unterm Strich, doch eigentlich sehr schade.

Wäre es nicht viel erstrebenswerter, wenn wir eine Art gemeinsames Humorverständnis entwickeln würden? Ein Humorverständnis, das uns helfen würde, entspannter und vielleicht auch etwas freundlicher miteinander umzugehen? Im Moment scheint das allerdings alles vermintes Gelände zu sein.

Florence: Das ist es. Sich über andere lustig machen kann durchaus lustig gemeint sein, aber die Grenze ist oft schnell überschritten. Was die eine Kultur witzig findet, kann für die andere Kultur ziemlich verletzend sein. Der Flurschaden, der dann angerichtet wird, ist oft nur schwer zu reparieren.

Marion: Unter jungen Leuten ist das oft so. Du kennst das sicher aus deiner pädagogischen Arbeit. Wenn sich Jugendliche mit unterschiedlichem kulturellem Hintergrund begegnen, werden derbe Gags auf Kosten der jeweils anderen gemacht. Nicht selten gibt es auch wüste Beleidigungen. Bist du da als Lehrerin immer dazwischen gegangen?

Florence: Es kommt für mich immer darauf an, wie der andere auf so etwas reagiert. Solange ich das Gefühl habe, die Jugendlichen kommen damit untereinander klar und tragen das miteinander aus, mische ich mich nicht ein. Wenn ich jedoch merke, dass sich jemand gekränkt fühlt und es zu einem Konflikt kommt, dann ist das etwas anderes.

Respekt, Wertschätzung und Perspektivwechsel. Es geht um Senden und Empfangen.

Marion: Wie machen wir es jetzt besser? Wie machen wir es anders?

Florence: Respekt, Wertschätzung und Perspektivwechsel. Es geht um Senden und Empfangen. Wenn ich merke, dass bei dem anderen etwas anders ankommt, als ich es beabsichtigt habe, habe ich anscheinend nicht die richtigen Signale ausgesendet oder mein Gegenüber ist nicht auf derselben

Wellenlänge. Jedenfalls muss ich dann meine Botschaft daraufhin überprüfen.

Marion: Ich nehme mit, dass ich mich über mich selbst überall und jederzeit lustig machen kann und dass das vielleicht ein Türöffner sein könnte für ein Miteinanderlachen und ein gemeinsames Humorverständnis.

Florence: Ein gutes Schlusswort zu einem nicht so einfachen Thema, über das wir auch gesellschaftlich im Gespräch bleiben müssen und für das ebenfalls gilt: »Reden und zusammen!«

Fazit

In einer demokratischen Gesellschaft ist die Freiheit der Kunst ein hohes Gut. Dieses Gut ist so hoch, dass es sogar im Grundgesetz der Bundesrepublik Deutschland verankert ist. Kunst soll damit den Raum haben, den sie braucht, um sich vollumfänglich entfalten zu können.

Satire und Comedy sind Kunstformen der Unterhaltung. Als solche ist es ihnen erlaubt, Sachverhalte zu überzeichnen.

Ob Political Correctness, Grenzüberschreitungen und Humor jedoch jederzeit miteinander kompatibel sind, ist ein gesellschaftlich sehr umstrittenes Thema.

Aber wann ist dann eigentlich Schluss mit lustig?

Eine schwierige Frage, auf die es nicht immer eine eindeutige Antwort gibt. Denn, was die einen als derben Humor empfinden, kann für die anderen bereits eine Beleidigung darstellen. Ein Orientierungspunkt ist vielleicht die Fähigkeit, über sich selbst lachen zu können. Wer also über sich selbst oder über die eigene Community Witze machen kann, könnte auf deutlich mehr Offenheit treffen als jemand, der Gags nur auf Kosten anderer macht.

Sollte Comedy oder jede andere Form von Humor dann doch einmal danebengehen und Menschen beziehungsweise Gruppen und deren Gefühle verletzen, ist es wichtig, dies in aller Deutlichkeit anzusprechen. Eine sachliche Diskussion ist hierbei jedoch dienlicher als eine erhitzte Debatte, bei der sich die Beteiligten irritiert auf ihre Seite zurückziehen.

Wer dazugehören will, muss sich anpassen – die richtige Balance zwischen Integration und Identität

Wer dazugehören will, muss sich anpassen – oder nicht? Wohne ich in einem Mietshaus mit vielen anderen Menschen, kann ich nicht morgens um drei Uhr die Stereoanlage aufdrehen. Gehe ich in ein Gotteshaus, sollte ich das nicht in Unterwäsche tun. Jede Gesellschaft hat ihre Traditionen und ihre Regeln. Wie weit sollte man als jemand, der von außen kommt, darauf Rücksicht nehmen? Was ist die richtige Balance zwischen Integration und Identität?

Marion: Wir wollen miteinander und nicht übereinander sprechen, um unsere unterschiedlichen Perspektiven nicht aus dem Blick zu verlieren.

Florence: Das ist ein wichtiges Ziel.

Folgende Frage stelle ich mir in letzter Zeit sehr oft: Ich lebe seit sehr vielen Jahren in Deutschland. Genauer gesagt, ich bin hier geboren. Nun frage ich mich, inwieweit muss ich mich eigentlich anpassen? Die Botschaft, die ich in der Kindheit mitbekommen habe, lautete: »Flori, was sagen die Leute?«

Das war ein Satz, der gleichzeitig ausgedrückt hat: »Fall nicht auf, pass dich an, denn was sagen sonst die Leute?«

Marion: Jetzt müssen wir dazu sagen, dass dieser Satz von deiner deutschen Pflegemutter stammt.

 *Aber wie soll man, wenn man Schwarz ist und in einer weißen Community lebt, nicht auffallen?*

Florence: Ja, so ist es, von meiner weißen Mama. Wir haben in Buxtehude in einer weißen Community gelebt. Zu Beginn war ich in der Stadt das einzige Schwarze Kind. Von klein auf hörte ich also diesen Satz: »Was sagen die Leute?« Also: »Passe dich an, falle nicht auf.« Das war wichtig.

Aber wie soll man, wenn man Schwarz ist und in einer weißen Community lebt, nicht auffallen? Das war schon mal das Erste, was ich nie richtig verstanden habe.

Marion: Wie hat sie das denn gemeint? Hat sie das speziell auf dich bezogen? Oder war das einfach ihr Lebensmotto, nicht aufzufallen? Galt dieser Satz nur für dich?

Florence: Ich glaube schon, dass es ihr Lebensmotto war. Dennoch galt es für mich ganz besonders. In dem Sinne: »Wenn du schon durch deine Hautfarbe auffällst, dann bitte nur positiv.«

Nur positiv auffallen ist etwas, das sich lange durch mein Leben gezogen hat. Nur nicht auffallen, bis ich irgendwann gesagt habe: »Okay, Flori, was sagen die Leute? Florence ist es nun egal, was die Leute sagen.«

Im Erwachsenenalter war es mir dann irgendwann egal. Selbstverständlich lebt man nach gewissen Werten. Man möchte als höflich, freundlich und als offen gelten. Aber gar nicht aufzufallen, war schwierig.

Wenn andere Kinder Klingelstreiche verübten, hieß es: »Nein, du nicht, weil du auffällst und dann gesagt wird, die Schwarze schon wieder.«

Ich glaube, das ist ein Druck, den viele Menschen kennen, die anders aussehen und deshalb vermeintlich nicht dazugehören.

Marion: War das als Kind und Jugendliche eine Belastung für dich? Eine Belastung bis zu dem Zeitpunkt, an dem du dir gesagt hast, dass es dir egal ist, ob die Leute etwas Blödes über dich denken. Oder war das so antrainiert, so in dir drin, dass du dir gar keine Gedanken mehr darüber gemacht hast?

Florence: Ich denke, zunächst einmal war es angelernt und antrainiert. Als Jugendliche hat es mich dann genervt, obwohl ich die Gründe verstanden habe.

 *Aber ab welchem Moment verlässt man vor lauter Anpassung die eigene Identität und Persönlichkeit?*

Als Erwachsene habe ich darauf Wert gelegt, nur nicht negativ aufzufallen. An einem bestimmten Punkt habe ich mir dann selbst die Frage gestellt, wie weit ich mich anpassen muss, sodass es noch in Ordnung ist. Aber ab welchem Moment verlässt man vor lauter Anpassung die eigene Identität und Persönlichkeit?

Marion: Genau, und zwar ab dem Punkt, wenn du nicht mehr du selbst sein kannst, weil du immer nur versuchst, den Konventionen gerecht zu werden.

Florence: Richtig.

Marion: Den Konventionen, von denen du glaubst, dass du ihnen folgen musst. Das ist noch schlimmer. Vielleicht erwarten Leute das gar nicht von dir, aber du selbst glaubst, sie würden es von dir erwarten. Das ist noch ein Stück schwieriger.

Nehmen wir das Beispiel eines Menschen aus der Stadt, der aufs Land zieht. Er ist die laute Stadt gewöhnt. In der Gegend, in der er zuvor gelebt hat, war alles ein bisschen legerer. Da konnte man noch um drei Uhr morgens Partys feiern. Da hat sich keiner dran gestört. Am Wochenende war die Bude stets voll. Mit Musik geht alles besser, also wurde die Musikanlage immer aufgedreht. Samstags musste man auch nicht die Straße kehren, und es gab keine Verordnung, die dies vorschrieb. Die Mülltonne stand dann halt auch mal mitten auf dem Bürgersteig.

Das sind Dinge, die der Mensch in einer kleineren Stadt oder auf dem Dorf nicht gewohnt ist. Dort geht so etwas nicht und löst fast eine mittlere Katastrophe aus. Hier gibt es also ein Anpassungsproblem.

Florence: Und zwar für den, der diese Dinge nicht tut.

Marion: Ja, diese Dinge nicht zu tun ist in einem solchen Umfeld schwierig. Dann gibt es zwei Möglichkeiten. Entweder es ist einem egal oder man legt Wert darauf, sich in die Orts- oder Dorfgemeinschaft einzufügen. Das ist immer so eine Sache. Was ich damit sagen will, ist, dass wir der Frage nach Anpassung in vielen Lebensbereichen begegnen.

Florence: Grundsätzlich bin ich der Meinung: »When you are in Rome, do as the Romans do.« Das ist ein alter Spruch, und ich finde, dass er stimmt.

Das fängt schon damit an, wenn ich jemanden besuche, dass ich mich den Gegebenheiten in dessen Zuhause anpasse. Wenn ich das nicht möchte, muss ich mir halt überlegen, ob ich da richtig bin. Das betrifft etwas Grundsätzliches.

Dann geht es weiter und man fragt sich, wie weit und ob man sich bis zur Unkenntlichkeit verstellen muss. Das bezieht sich nicht auf die Dorfgepflogenheiten, zum Beispiel das Straßenkehren, das sind Verordnungen, an die man sich zu halten hat.

Es könnte jedoch das Häusliche betreffen. In Nigeria haben wir zum Teil andere Dinge gegessen als hier in Deutschland oder haben anders gekocht. Gewisse Dinge schmecken selbst mir, wenngleich ich nicht in der Lage bin, diese Gerichte so gut nachzukochen, versuche ich es manchmal dennoch.

Nun kann es sein, dass diese Gerichte anders duften. Ich stelle mir dann die Frage, ob ich das kochen darf, wenn ich in einem Mehrfamilienhaus wohne. Oder ist das für die Nasen der anderen zu ungewöhnlich, sodass ich das nicht darf. Dürfte ich nur Dinge kochen, die hier bekannt sind, damit es nicht heißt: »Die kocht schon wieder so komisch.« Wo ist es Anpassung und wo Rücksichtnahme?

Marion: Die Frage ist auch, wie offen darüber gesprochen wird?

Nehmen wir dein Beispiel mit der nigerianischen Küche. Nebenan sitzt vielleicht jemand, der den Geruch mitbekommt und furchtbar findet, was da wieder gekocht wird.

Die hypothetische Frage wäre, wie viel es helfen würde, nach nebenan zu gehen und zu sagen: »Heute Abend koche ich übrigens mal wieder nigerianisch, so wie bei meiner Familie und meinen Eltern gekocht wird. Möglicherweise wird es etwas riechen.«

Würde das vielleicht schon ein bisschen von den Vorbehalten nehmen? Was glaubst du?

Florence: Ich weiß es nicht, üblicherweise kommt ja auch niemand zu mir und sagt: »Ich koche heute Kartoffeln und Sauerkraut.« Jetzt könnte man sagen, Kartoffeln und Sauerkraut machen sich olfaktorisch nicht so bemerkbar.

Marion: Sauerkraut schon.

Florence: Keine Ahnung, vielleicht das aus der Dose. Die nigerianische Küche ist in meinem Fall die olfaktorisch stärkere. Muss ich mich aber dafür entschuldigen? Wie gesagt, da ist so eine Grenze.

Muss ich mich für mein Sein rechtfertigen? Muss ich, weil ich hier in einer deutschen Community lebe, deutsch kochen? Sobald ich nicht deutsch koche und das dann anders riecht, muss ich mich dafür rechtfertigen oder gar entschuldigen?

Zumal du selbst sagst, dass es deutsche Küche gibt, die durchaus olfaktorisch wirkt. Dann müsste man praktisch bei jedem Gericht, das anders duftet oder etwas stärker riecht, bei den nebenan Wohnenden klopfen und sagen: »Ich mache jetzt grad Grünkohl, der riecht vielleicht ein bisschen.«

Marion: Das wäre zum Beispiel die maximale Rücksichtnahme von allen Seiten, das wäre schön. Schön wäre es auch, wenn man sagt: »Ich koche gerade, mögen Sie einen Teller mitessen?«

Manchmal muss man so eine Tür öffnen. Ich habe oft das Gefühl, dass man die Leute entwaffnen muss. Man weiß, die sind griesgrämig und spießig. Die gucken auf alles mit zusammengekniffenen Augen. Dann muss man sie vielleicht auch mal mit Freundlichkeit oder mit freundlicher Offenheit überwältigen. Vielleicht macht man sie damit auch mal ein bisschen stumm.

Florence: Das mit dem Mitessen finde ich schön. Das kenne ich. Ob es heute noch immer so ist, weiß ich nicht. Aber in der Zeit, in der ich in Nigeria gelebt habe, war es tatsächlich so, dass bei einer großen Feier, bei der gekocht wurde, wir Kinder mit kleinen Schüsseln gefüllt mit Essen zu den nebenan wohnenden Familien geschickt wurden. Aber eben nicht, um sich zu rechtfertigen, nach dem Motto: »Oh, Frau Nachbarin, es war jetzt laut oder es hat gerochen. Hier, Sie dürfen essen.«

Es war eine Geste der Nachbarschaftlichkeit, der Freundlichkeit. Ich selbst habe das hier noch nie ausprobiert.

Ich bin auch nicht so die große Köchin vor dem Herrn. Aber es wäre natürlich witzig, es mal auszuprobieren. Wenn man etwas Bestimmtes kocht, was andere Nasen ein wenig kitzelt, dann hinzugehen und zu sagen: »Sie haben es bestimmt schon gerochen, ich habe etwas Besonderes gekocht.« Ich weiß nicht, ob ich das wirklich machen sollte.

Es ist eine Gratwanderung zwischen, in Vorleistung zu treten, sich zu öffnen, sich zu integrieren oder unterwürfig aufzutreten und zu kriechen.

Marion: Natürlich kann man immer sagen, der soll sich jetzt mal nicht so anstellen. Ich habe jedes Recht der Welt, in meinen vier Wänden zu kochen und zu essen, was ich möchte. Das ist klar. Dieses Recht hat jeder. Wenn man sich aber immer nur auf diesen Standpunkt zurückzieht, kann man auch nix aufbrechen. In dem Moment, in dem ich darauf beharre, dass das mein gutes Recht ist, verschließe ich mich innerlich.

Das hat etwas sehr Konfrontatives. Von außen und nüchtern betrachtet ist es dein gutes Recht. Aber der andere bleibt misstrauisch. Warum sind Menschen misstrauisch? Weil sie etwas abwehren, das sie nicht kennen.

Das war bei uns, wir leben in einem kleinen rheinhessischen Dorf, sehr lustig. Da muss ich sagen, dass die Menschen in Rheinhessen sowieso ein offenerer Menschenschlag sind. Überall da, wo Wein verkauft oder angebaut wird, sind die Leute irgendwie ein bisschen toleranter.

Als die ersten Geflüchteten bei uns eintrafen, waren sie etwas Außergewöhnliches. Es waren nicht nur syrische, sondern auch eritreische Geflüchtete dabei. Sie waren in der Nähe des Pfarrhauses untergebracht und sie waren natürlich das Ortsgespräch. Es wurde auf alles genau geguckt und alles misstrauisch beäugt. Dann aber hat die syrische Familie als Dankeschön und weil sie etwas zurückgeben wollte, ein syrisches Essen veranstaltet. Es wurden alle, die wollten, in den großen Pfarrsaal eingeladen. Der Mensch ist ein neugieriges Wesen, aus diesem Grund kamen wirklich alle, auch die mit einer mürrischen Grundstimmung. Alle wollten einmal das Essen probieren. Das Faszinierende am Ende des Abends war, dass alle vergnügt und fröhlich zusammensaßen.

Viele meinten: »Oh, das schmeckt ja richtig lecker.« Das war so ein Eisbrecher. Sie hätten es nicht machen müssen, aber diese Familie ist einfach in Vorleistung getreten. Das hilft oft.

Florence: Das hilft, und dass ganz viele Menschen gekommen sind, glaube ich gerne. Leider ist es aber oftmals so, dass später nicht mehr erinnert wird, wie lecker das Essen geschmeckt hat, wenn die Familie drei Wochen später für sich das Gleiche kocht und der Geruch die Hausgemeinschaft stört.

Dann kann es sein, dass die anderen noch immer denken, dass sie ja nicht ständig ihr Essen kochen müssten. Es ist eine Gratwanderung zwischen, in Vorleistung zu treten, sich zu öffnen, sich zu integrieren oder unterwürfig aufzutreten und zu kriechen. In dieser Hinsicht muss man eine gute Balance halten. Das kann einmal gut gehen, das kann auch zweimal gut gehen. Aber es darf keine Seite das Gefühl bekommen, sie müsse nur zwei- oder dreimal die Nase rümpfen und schon würden die anderen ihr Verhalten wieder einstellen.

Oder die anderen befürchten, dass schon wieder die Nase gerümpft wird, und sie machen erneut ein öffentliches Essen, um die Menschen gut zu stimmen. Das ist schwierig.

Marion: Nein, ich denke, verbiegen sollte sich niemand müssen. Auch unterwürfig sollte niemand sein müssen. Aber es wird immer Leute geben, denen nichts recht zu machen ist.

Das sind dann auch Menschen, die alles, und da spielt es keine Rolle, ob der Nachbar eine dunkle Haut hat oder nicht, mit Argwohn betrachten. Du kennst diese Hausdrachen, die gibt es überall.

Aber ich glaube dir, dass du ein anderes Mindset hast. Als weiße Person regt man sich auf, hält diese Menschen für unmöglich, und es gibt auch mal Krach. Wenn du aber jemand bist, der einen anderen kulturellen Hinter- oder Vordergrund hat, fühlst du dich anders betroffen in solchen Situationen, auf jeden Fall.

Florence: Genau, es ist noch mal etwas anderes, ob ich als weiße Person sage, ich will die Straße nicht jede Woche kehren, lass doch die paar Blätter liegen, oder wenn ich als Schwarze Person denke, dass ich alles ganz korrekt machen muss, damit man mir gegenüber bloß keine Vorbehalte hat.

Obwohl ich die Situation einer sogenannten Zugezogenen kenne, ist es nicht egal, welche Hautfarbe die Person hat.

Mit einer nicht weißen Hautfarbe ist es noch mal schwieriger, man möchte kein Stein des Anstoßes sein und will sich deshalb noch mehr anpassen. Früher kehrte ich aus dem Grund die Straße nicht erst am Samstag vor zwölf, sondern sogar vielleicht schon am Freitag, damit Samstag früh ja auch alles sauber war. Da machte ich die Treppe besonders gut sauber. Wenn ich eigentlich nur auf meinem Stockwerk putzen musste, putzte ich bis unten hin, damit auch jeder sieht, dass ich eine gute Nachbarin war, die sich schön einfügt und gegen die man keine Vorbehalte haben musste. Das sind zwar so kleine Tricks, aber zu Unterwürfigkeit dürfen sie nicht führen.

Auf seiner Würde muss sich kein Mensch rumtrampeln lassen.

Marion: Auf jeden Fall. Auf seiner Würde muss sich kein Mensch rumtrampeln lassen. Ein anderer Punkt, der mir noch einfällt, ist die religiöse Identität. Darüber wird auch immer viel diskutiert. Zum Beispiel das Kopftuchtragen in Amtsgebäuden. Ist das in Ordnung? Müssen oder sollen wir das tolerieren? Oder sollten wir sagen, dass das nicht zu unseren gesellschaftlichen Grundüberzeugungen passt? Wie ist deine Haltung dazu?

Florence: Ich denke, das ist sehr politisch. Ein Bereich, bei dem man aufpassen muss. Ich sehe es so, wenn ich etwas trage, das meiner Überzeugung entspricht, und es niemand anderen in seinem täglichen Leben beeinträchtigt, dann möchte ich das tragen können. Ich möchte, dass allen die gleiche Toleranz entgegengebracht wird.

Dabei würde ich es persönlich belassen. Denn ansonsten ist es eine politische Diskussion, die in jedem Bundesland anders geführt wird. Das würde ich gerne dort belassen, wo es entschieden werden soll. Toleranz ist mir wichtig.

Marion: Wenn alle etwas mehr Toleranz üben, dann wird da ein ganz großes Toleranzpaket draus. Ich glaube, das hilft uns, miteinander verständnisvoll umzugehen. Es darf nicht so sein, dass es immer nur die eine Seite ist, die gibt, damit die andere Seite gnädig gestimmt ist. Das geht nicht, es muss jeder geben. Es muss auch jeder mal fünf gerade sein lassen können. Das finde ich im Leben ohnehin wichtig. Das gilt, glaube ich, in diesem Bereich ganz besonders.

Florence: Ja, und der Gedanke, dass alle, die hier sind, tun müssen, was hier üblich ist, führt zu der Frage: »Was ist üblich?«

Marion: Darüber werden wir bestimmt auch noch reden, denn wir haben ja noch viel vor uns.

Florence: So ist es! Dabei sind auch wir nicht die, die alles zu 100 Prozent wissen.

Marion: Aus dem Grund gilt natürlich, wie immer: »Reden und zusammen!«

Fazit

Um Menschen in eine Gemeinschaft zu integrieren, ist eine gute Willkommenskultur unerlässlich.

Ein offenes Aufeinanderzugehen und den jeweils anderen Verstehenwollen sind ein guter Anfang. Nachsicht auf beiden Seiten kann die Atmosphäre ebenfalls deutlich entspannen. Nicht alle, die in ein fremdes Land kommen, kennen die Gepflogenheiten. Sich mit ihnen vertraut zu machen, ist jedoch eine wichtige Voraussetzung, um sich in die Gesellschaft zu integrieren. Mitglieder der Mehrheitsgesellschaft wiederum sollten in der Lage sein, einen Perspektivwechsel zu vollziehen, um sich in die Situation von Menschen mit Migrationsgeschichte und/oder Fluchterfahrungen hineinversetzen zu können.

Im Folgenden finden sich ein paar gelungene Beispiele:

 https://www.tatsachen-ueber-deutschland.de/ de/migration-und-integration/erfolgreiche-integration

 https://www.bamf.de/DE/Themen/Integration/ integration_node.html

 https://www.bmi.bund.de/DE/themen/heimat-integration/integration/integration-bedeutung/ integration-bedeutung.html

Gutes Schwarz, schlechtes Weiß? – Neue Stereotype in der Rassismusdebatte

Bringen uns solche Denkmuster weiter? In diesem Kapitel fragen wir uns, ob Rassismus nur von weißen Menschen ausgehen kann und Schwarze Menschen sich immer in der Opferrolle befinden.

Oder könnte es vielleicht auch noch um etwas anderes gehen?

Marion: Heute geht es um eine sehr große Schublade. Nämlich um die Frage, ob in der Rassismusdebatte die eine Seite immer nur Opfer und die andere immer nur Täter ist.

Florence: Ich war heute auf einer Veranstaltung, bei der ich genau das von einem Teilnehmer gefragt worden bin. Im Sinne von: »Ich bin weiß. Heißt das jetzt, dass ich wegen meiner Hautfarbe ein Rassist bin? Bedeutet das, dass Kritik, die ich vielleicht an Menschen mit einer anderen Hautfarbe übe, von vornherein als rassistisch zu bewerten ist? Ist das so einfach?«
Ich dachte: Nein. So einfach ist das tatsächlich nicht. Deshalb müssen wir über diese Fragen sprechen.

Marion: Das finde ich auch. Aus der weißen Perspektive gibt es da zwei Reaktionen: Die eine zeigt sich in Abwehr und Empörung. »Was? Immer gleich in die Rassismusecke gestellt werden, nur weil ich weiß bin? Darf ich jetzt gar nichts mehr sagen? Unglaublich! Kommunikationsdiktatur!«
Eine Überreaktion also. Und ein Abblocken jeglicher Diskussion über ein zugegebenermaßen schwieriges, aber wichtiges Thema.
Die andere Reaktion zeigt sich in Selbstzweifeln und schlechtem Gewissen: »Bin ich wirklich so schlecht? Darf ich mich bei diesem Thema gar nicht zu Wort melden, weil ich eine weiße Person bin und wir Weißen für so viel rassistisches Unrecht verantwortlich sind? Haben wir eine Art Erbschuld in Sachen Rassismus und Diskriminierung?« Das ist kein schönes Gefühl.

Florence: Dieses Gefühl können wir jetzt mal von der Rassismusdiskussion wegnehmen. Wir können uns fragen: Was steckt eigentlich hinter diesem Gefühl? Ich denke, es geht um die Empfindung, abgewertet zu sein, nicht als ebenbürtiges Gegenüber bei einem bestimmten Thema zu gelten.

Abwertung bedeutet – wie der Begriff schon sagt – die Herabstufung eines Menschen und der Werte, die für ihn wichtig sind. Wird ihm etwas abgesprochen, ist das natürlich ein Trigger. Also zum Beispiel, wenn ich sage: »Ich bin ein ehrlicher Mensch.« oder »Ich bin sehr gewissenhaft und versuche, mich immer umfassend über alles zu informieren.« Und dann kommt plötzlich jemand und erklärt: »Das sehe ich anders. Und überhaupt steht es dir gar nicht zu, dich so zu äußern.«

Dann ist das eine Abwertung und Zurückweisung, die natürlich niemandem gefällt. Niemand mag es, mit negativen Aussagen über sich konfrontiert zu werden, weil sich das eben wie eine Abwertung anfühlt. Besonders stark kommt das beim Thema Rassismus zum Tragen: »Was, du nennst mein Verhalten rassistisch? Das, was ich sage, klingt für dich rassistisch?«

Da wird gleich abgeblockt. Die meisten empfinden sich selbst als offen und tolerant. Als jemand, der versucht, sich in andere Menschen hineinzuversetzen und Verständnis für deren Positionen aufzubringen. Wenn dann so ein Pauschalvorwurf wie »Weiße sind per se rassistisch« geäußert wird, ist es sehr schwierig, damit umzugehen.

Marion: Ich habe manchmal den Eindruck, wenn solche Vorwürfe aus der Schwarzen Community kommen, werden alle Weißen in eine Art Sippenhaft genommen. Wir sind dann gefühlt *die* Weißen, die nie über ihr rassistisches Verhalten und ihre abwertende Sprache nachdenken. Und denen das auch egal ist, weil sie sich ohnehin für überlegen halten und von Geburt an rassistisch sind, Rassismus in den Genen haben und aus Tradition so sind. Deshalb kann und wird sich das auch nie ändern.

Das ist jetzt sehr hart formuliert, aber das kommt bei mir rüber in solchen Diskussionen. Ich bin noch nicht mal wütend darüber, sondern eher traurig und verletzt. Ich merke, wie ich mich in solchen Debatten dann immer mehr zurückziehe und mich eigentlich gar nicht mehr daran beteiligen will. Weil ich denke, das bringt ja ohnehin nichts. Was ich im Übrigen sehr schade finde. Denn ich bin fest davon überzeugt, dass Menschen in Kommunikation und im Kontakt bleiben müssen, um Probleme zu lösen.

 *Differenzieren ist immer wichtig. Keine pauschalisierenden Aussagen oder gar Vorwürfe.*

Florence: Ich war neulich in einer Schulkasse und habe diese Thematik mit Jugendlichen besprochen. In einem Nebensatz sagte ich: »Na ja – eure Generation geht ja schon ganz anders damit um. Für euch ist die Hautfarbe kein Problem mehr, wenn ihr befreundete Personen aus einem anderen Kulturkreis mit nach Hause bringt.«

Nach der Veranstaltung kam dann ein Schüler auf mich zu und meinte: »Wie Sie das alles so differenziert betrachtet haben, das war richtig gut! Wir hatten hier auch schon Veranstaltungen, wo es vor allem darum ging, welche Defizite weiße Deutsche im Umgang mit dem Thema Rassismus haben. Aber wir als jüngere Generation, wir sind doch nicht mehr so. Wir gehen doch schon ganz anders damit um.«

Du siehst also: Differenzieren ist immer wichtig. Keine pauschalisierenden Aussagen oder gar Vorwürfe. Nur weil mein Onkel nicht Autofahren kann, heißt das nicht, dass ich das nicht hinkriege. Andererseits können wir aber auch nicht aus lauter Rücksichtnahme auf möglicherweise verletzte Gefühle gewisse Dinge nicht ansprechen.

Ich finde, es soll mir schon erlaubt sein, weiße Menschen auf ein Verhalten aufmerksam zu machen, das ich als abwertend empfinde und von dem ich denke, dass es mit meiner Hautfarbe und Herkunft zu tun haben könnte. Ich versuche allerdings immer, den Leuten meine Perspektive zu vermitteln, in der Hoffnung, dass sie diese dann vielleicht nachvollziehen können.

Marion: Da sind wir wieder bei den Grundlagen einer wertschätzenden Kommunikation. Wenn ich merke, der andere sucht das Gespräch, weil er ein Problem hat, das er gerne mit mir zusammen lösen möchte und von dem er auch möchte, dass ich das verstehe, dann begegne ich ihm mit einer ganz anderen Offenheit und Lösungsbereitschaft. Einen solchen Weg können, glaube ich, viele Menschen mitgehen. Aber wenn man diese Wertschätzungsebene erst gar nicht findet oder sie verlässt, indem man dem anderen, überspitzt formuliert, signalisiert: Du hast einen Fehler gemacht, entschuldige dich jetzt gefälligst in aller Form dafür! Und sieh zu, dass dir das ja nie wieder passiert! – dann endet das in Streit und Ärger.

Wie soll man an einem solchen Punkt wieder in den Dialog kommen? Eigentlich nur, wenn einer von beiden es schaffen würde, zu sagen: »Wir versuchen jetzt mal, die Emotionen rauszunehmen und uns die Sache in Ruhe anzuschauen.«

Aber wer – außer Menschen mit Coaching-Erfahrung – macht das schon in einer so aufgeladenen Situation?

Florence: Einmal das – und dann darf man auch nicht erwarten, dass derjenige, der sich durch das Verhalten des anderen verletzt fühlt beziehungsweise tatsächlich verletzt wurde, auch noch auf die Metaebene geht, Verständnis zeigt und den anderen am Ende tröstet.

Marion: Auf der anderen Seite ist es aber nun auch so, dass wir nicht alle die gelassenen, in uns ruhenden und besonnenen Menschen sind, die in schwierigen Situationen immer die richtigen Worte finden, immer einen kühlen Kopf behalten und immer das Richtige tun.

Florence: Warum soll denn auch jemand, der verletzt wurde, gelassen sein? Der darf das deutlich zur Sprache bringen.

Marion: Natürlich darf er das. Für mich ist aber eben dort die Grenze, wo aus solchen Diskussionen ein öffentlicher Lagerkampf wird. Wo es die Schwelle des reinen Konfliktgesprächs mit Lösungsoption überschreitet und zum Grundsatzstreit wird. Wie so oft, wenn es um das Thema Rassismus geht. Ein einzelner Konflikt steht immer gleich für das große Ganze.

Ich finde das schwierig. Denn dann sitzen wieder alle in ihren Gräben und finden nicht mehr raus. Das ist besonders schlimm für diejenigen, die es eigentlich gut machen wollen. Diejenigen, die respektvoll und tolerant mit ihren Mitmenschen umgehen wollen – egal, aus welchem Kulturkreis. Menschen, die aber auch Unsicherheiten und gelernte Muster haben. Wenn jede Debatte darüber jedoch gleich explodiert, dann wissen diese weißen Menschen am Ende gar nicht mehr, wie sie sich verhalten sollen. Im schlimmsten Fall wollen sie das dann auch gar nicht mehr wissen.

Florence: Ich versuche bei solchen Diskussionen grundsätzlich, alle dazu zu ermuntern, erst einmal zu schauen: Wen habe ich da vor mir? Ist das jemand, der einfach sagt, was er will und den es nicht interessiert, wie es bei dem anderen ankommt? Dann sollte ich ihn deutlich darauf aufmerksam machen. Oder ist es jemand, der unabsichtlich oder gedankenlos in ein rassistisches Fettnäpfchen getreten ist? So wie der Arzt, mit dem ich eine halbe Stunde ganz normal auf Deutsch gesprochen habe und der dann plötzlich sagt: »Ich weiß nicht, wie man das in Ihrer Sprache nennt?« Dann kann ich natürlich sagen: »Entschuldigung, meine Sprache ist Deutsch.« Vielleicht merkt er dann, in was für einen Fettnapf er getreten ist und wir können das im Guten miteinander klären.

Also noch mal: Schauen, wen man vor sich hat. Und entsprechend reagieren.

 *Wichtig ist dabei jedoch, dass der Gesprächsfaden nicht abreißt.*

Marion: Guter Punkt. Klare Kante allen gegenüber, die sich aus einer Art Überlegenheitsgefühl heraus abwertend verhalten. Jedoch gesprächsbereit denjenigen gegenüber sein, die eigentlich guten Willens sind, aber trotzdem manchmal daneben greifen im Umgang mit Menschen aus anderen Kulturkreisen.

Florence: Wenn der Satz fällt: »Was darf man überhaupt noch sagen?« Da sage ich: »Man darf alles sagen. Aber bevor man es sagt, sollte man es durch das Sieb der Achtung, der Wertschätzung und des Respekts gießen.« Dann hat man schon eine Menge richtig gemacht. Wenn dann noch etwas übrig bleibt, das vielleicht schwierig ist, kann man versuchen, das gemeinsam zu klären. Trotzdem darf jemand auch mal enttäuscht, gekränkt und ärgerlich sein. Das muss derjenige dann erst einmal aushalten.

Marion: Wichtig ist dabei jedoch, dass der Gesprächsfaden nicht abreißt. Dann darf man sich tatsächlich auch mal eine kleine verärgerte Auszeit nehmen, sich währenddessen abregen, um dann wieder zusammenzufinden und den Faden aufzunehmen.

Florence: So könnte es gehen. Das war ein schwieriges Thema. Auch für uns. Dennoch gilt immer der Grundsatz: »Reden und zusammen!«

Fazit

Kommunikation – auch Konfliktkommunikation – gelingt nur dann, wenn sie von Respekt und Wertschätzung getragen wird.

Weder Pauschalisierungen noch Relativierungen zeugen von Respekt oder Wertschätzung.

Eine gute Methode der Kommunikation ist es, bei verletzenden Verhaltensweisen und Äußerungen die eigene Betroffenheit in Form von Ich-Botschaften auszudrücken. Ein gemeinsames Ziel sollte stets sein, die Beweggründe des Gegenübers verstehen zu wollen sowie nach Möglichkeiten zu suchen, die Irritationen und Verstimmungen aus der Welt zu schaffen.

Interessant könnte hier die Aktion zur Woche der Meinungsfreiheit sein, die zeigt, wie mit unterschiedlichen Meinungen und Ambiguitätstoleranz umgegangen werden kann:

 https://www.woche-der-meinungsfreiheit.de/

Etwas, das auf keinen Fall stattfinden sollte, ist eine Opferbeschuldigung, auch Victim Blaming genannt. Dabei wird dem Opfer beziehungsweise der geschädigten Person die Schuld an einem Konflikt zugeschrieben. Der Täter oder die Täterin und deren Umfeld sehen in dem jeweiligen Verhalten keine Schuld oder wollen diese nicht erkennen. Selbstverständlich ist dieses Phänomen nicht allein in der Rassismusdebatte zu finden, sondern in allen gesellschaftlichen Bereichen, in denen es um Diskriminierung geht.

Auf der Homepage der Polizeilichen Kriminalprävention der Länder und des Bundes sind hierzu Themen und Tipps, Informationen für Betroffene sowie Medienangebote zu finden:

 https://www.polizei-beratung.de/

Alte Klischees, neue Vorurteile – Vorsicht mit ›gut gemeinten‹ Zuschreibungen

»Er muss nicht pünktlich sein, denn da wo er herkommt, kennt man das nicht.«

Wir gehen dem Gedanken nach, ob ein Mensch die Gepflogenheiten einer für ihn neuen Kultur, in der er leben will, kennenlernen, beachten und befolgen muss.

Wenn das nicht der Fall ist, handelt es sich dann um neue Stereotype, den sogenannten positiven Rassismus, oder ist es falsche Rücksichtnahme?

Marion: In diesem Kapitel sprechen wir über eine Begebenheit, die du mal erlebt hast und die sich in dem Satz zusammenfassen lässt: »Der muss nicht pünktlich sein, denn da, wo er herkommt, kennt man das nicht.« Was war das für eine Geschichte?

Florence: Es ging um Auszubildende, um die »Tugend« Pünktlichkeit und um das, womit das Ausbildungspersonal täglich zu tun hat.

Es gab weiße und Schwarze Personen in diesem Betrieb. Die Schwarzen Auszubildenden waren noch nicht sehr lange in Deutschland. Es waren Schwarze Jugendliche mit Fluchterfahrung. Es wurde berichtet, wo hier und da Stolpersteine vorhanden waren.

Eine Frau meldete sich und sagte, die Firmen müssten sich darauf einstellen und die Perspektive der Auszubildenden mit Fluchthintergrund einnehmen. Es sei klar, die Jugendlichen, also die Auszubildenden mit Fluchterfahrung, bräuchten nicht pünktlich zu sein. Denn von dort, wo sie herkämen, kennen sie es nicht, pünktlich zu sein.

Marion: Okay, jetzt müssen wir diesen Satz mit seiner Ambivalenz einmal aufdröseln. Auf der einen Seite hat sie es gut gemeint, auf der anderen Seite hat sie trotzdem sehr auf ein Klischee abgezielt.

Um das einmal vorwegzunehmen, positiven Rassismus gibt es nicht. Es gibt nur Stereotype.

Florence: In diesem Zusammenhang verwendet man oft einen Begriff, den sogenannten positiven Rassismus. Ich werde oft gefragt, ob es positiven Rassismus überhaupt gibt. In diesem Fall ist es so, dass die Frau es ja gut meinte, weil sie sagte, die Jugendlichen dürften ruhig unpünktlich zur Arbeit kommen, da sie es nicht anders kennen würden.

Um das einmal vorwegzunehmen, positiven Rassismus gibt es nicht. Es gibt nur Stereotype.

In einer anderen Situation wurde ich gefragt, ob etwas, das rassistisch ist, mir dennoch zum Vorteil gereicht.

Wie zum Beispiel in diesem Fall. Wenn die Jugendlichen unpünktlich sind, möge das Ausbildungspersonal nicht schimpfen. Sind aber weiße Auszubildende unpünktlich, sollen sie zurechtgewiesen werden. Für die Schwarzen Jugendlichen wäre das ein Vorteil.

Die Frage ist, ob das wirklich ein Vorteil ist. Oder haben wir es hier mit einem Stereotyp zu tun, dass die Schwarzen, in diesem Fall aus Gambia, nicht pünktlich sein können?

Ehrlich gesagt, fiel mir dazu nichts mehr ein. Ich habe mich gefragt, woher sie zu wissen glaubt, dass diese Jugendlichen nicht pünktlich sein können.

Ich fand es schrecklich und habe das auch entsprechend geäußert.

Marion: Was hast du in dieser Situation gesagt? Was hast du darauf geantwortet?

Florence: Ich war erst mal sprachlos, was bei mir selten vorkommt. Irgendwann habe ich meine Sprache wiedergefunden und gesagt, dass ich mich nun doch dazu äußern müsse. Erstens sei das ein Stereotyp. Es gäbe Menschen, die unpünktlich seien. Das kann und will ich bitte nicht an der Hautfarbe fest-machen.

Zweitens sei es einfach so, dass man Menschen, die nicht pünktlich sind, Pünktlichkeit beibringen könne. Es gibt die Unpünktlichen, die einfach immer eine Viertelstunde zu spät sind. Dann lernen sie es eben. Egal, welche Wurzeln jemand hat. Man kann das als Mensch lernen. Das ist es und mehr nicht.

Die Frau war dann ganz irritiert. Eben weil sie es ja gut gemeint hatte.

Marion: Sie meinte es gut, das ist doppelt schwierig an dieser Aussage. Sie meinte es gut, aber es ist völlig nach hinten losgegangen.

Es war auch abwertend. Also jemandem zu unterstellen, er sei unpünktlich, weil er es nun mal nicht anders kenne aus seinem Kulturkreis, ist definitiv eine Abwertung.

Florence: Was sie aber so nicht gesehen hat. Diese Situation gibt es öfter. Zum Beispiel habe ich als Jugendliche im Sport-unterricht bei Ballspielen immer die Note Drei bekommen. Das Argument des Lehrers war, dass Schwarze keine Ball-sportarten könnten.

Marion: Konnte er das begründen oder hat er das einfach nur so rausgehauen?

Florence: Nein, das hat er so rausgehauen. Schwarze könnten ohnehin keinen Ballsport, von daher müsse ich mich nicht quälen. Abgesehen davon, dass es auch damals schon Schwar-ze Basketballspieler gab. Das war völliger Blödsinn.

Das sind solche Sachen, bei denen dann gefragt wird, ob es positiver Rassismus sei. Nein, das ist negativ. Positiv gibt es in diesem Zusammenhang nicht. Das ist einfach negativ, das sind Stereotype.

Aber wie gehen wir jetzt mit den Leuten um, die dann ganz perplex gucken und sagen: »Aber ich meine es doch nur gut. Ich will dem doch nichts Böses.«

Marion: Ja, aber gut gemeint ist nicht immer gut gemacht.

Das muss man ihnen wahrscheinlich auch klarmachen. Das ist schwierig, sehr schwierig.

Denn ich könnte mir vorstellen, dass sie wahrscheinlich sofort beleidigt sind. Weil sie denken, dass sie doch gar nichts Böses wollten.

Dann haben diese Menschen das Gefühl, man unterstelle ihnen Rassismus. Das ist schwierig. Wie bringt man so jemandem wie dieser Frau zum Beispiel bei, dass das unheimlich viel über ihre eigentliche Haltung aussagt? Wenn sie alle Schwarzen über einen Kamm schert und sagt, die können ja nicht pünktlich sein. Wie bringt man so jemandem bei, ein anderes Gespür zu entwickeln?

Da kommt es dann auf die Fragetechnik an: »Wie kommen Sie darauf?«

Florence: Das Erste, was ich mir aber sofort gedacht habe, war, ihr nicht zu sagen, dass das rassistisch ist. Denn das hätte sie überhaupt nicht verstanden.

151

Marion: Nein, wahrscheinlich nicht.

Florence: Sie wäre in Ohnmacht gefallen, weil sie es doch wirklich gut gemeint hatte. Sie hatte sich mit dem Ausbilder angelegt und ihn gefragt, wie er dazu käme, die Jugendlichen derart zu überfordern. Wenn ich ihr gesagt hätte, dass diese Grundhaltung komplett rassistisch ist, hätte sie mir nicht zugehört.

Da kommt es dann auf die Fragetechnik an: »Wie kommen Sie darauf? Woran machen Sie fest, dass diese Jugendlichen das aus ihrer Kultur nicht kennen?«

Wenn sie mir dann gesagt hätte, es gäbe so und so viele Millionen in jenem Land, von denen nur einer pünktlich sei, dann könnte man sagen, sie habe eine Studie durchgeführt.

Aber das war es natürlich nicht. Um sie also ins Reflektieren zu bringen, musste man wirklich fragen, woran sie das festmachte.

Marion: Das ist gut. Fragen stellen ist ohnehin immer gut. Dann müssen Leute anfangen, über Dinge nachzudenken. So ist das auf jeden Fall richtig. Das ist wie das Beispiel, das ich schon einmal erwähnt hatte, als meine Oma jemanden, der ein etwas anderes Aussehen hatte, in dieser Babysprache angesprochen hat: »Ich dir zeigen, kannst du, guckst du hier, geht das so!«

Hinterher habe ich sie gefragt, was denn gewesen wäre, wenn der auf Hochdeutsch geantwortet hätte. Zwar ist das in dem Fall nicht passiert, da hatte sie Glück gehabt, aber was wäre gewesen, wenn er so reagiert hätte, weil er einfach hier geboren ist?

Das war eine wichtige Frage. Sie dachte nach und erwiderte, dass das dann ganz schön doof gewesen wäre.

Wenn Leute ins Nachdenken kommen, hat man, glaube ich, schon etwas erreicht, oder?

Florence: Ja, dann hat man etwas erreicht. Schwierig wird es nur, wenn die Leute bockig werden.

Marion: Ja, sich verschließen und fragen, was man eigentlich von ihnen wolle.

Oftmals beginnen diese Menschen eine Diskussion, in der sie praktisch die Kultur erklären wollen, aus der sie nicht kommen.

Florence: Jedoch fragen sie nicht nur, was man von ihnen wolle, da sie doch nicht negativ eingestellt seien. Oftmals beginnen diese Menschen eine Diskussion, in der sie praktisch die Kultur erklären wollen, aus der sie nicht kommen. Zwar lasse ich mir solche Diskussionen gefallen, finde sie aber grenzwertig. Wäre diese Frau Gambierin, wäre das unter einem gewissen Aspekt auch interessant gewesen.

Auch diese Möglichkeit können wir einmal durchspielen. Was, wenn sie zu dem Ausbilder gesagt hätte: »Hören Sie zu, Sie überfordern hier unsere Jugendlichen, die sind es nicht gewohnt, pünktlich zu sein.«

Dann hätte ich sie auch gefragt, wie sie dazu kommt. Vielleicht hätte ich nach diesem Gespräch den Eindruck gehabt, sie wolle für die Jugendlichen Vorteile herausholen. Dann hätte uns auch dieses Gespräch nicht weitergebracht.

Weil es den Eindruck hinterlassen hätte, dass es sehr einfach wäre, zu sagen: »Wir in unserer Kultur sind nicht pünktlich, wir können das nicht, also lassen Sie uns gewähren.«

Das wäre ebenfalls ein interessantes Gespräch gewesen, mit einem anderen Ansatz. Wobei am Ende wäre da auch nichts rausgekommen.

Wenn aber die weiße Frau sich nicht nur verschließt, sondern auch noch versucht hätte, mir die andere Kultur beizubringen, wäre es ganz skurril geworden.

So ein Gespräch muss man dann irgendwann abbrechen. Also ich zumindest, weil ich dann sage, dass uns das nicht weiterbringt. Zwar stamme ich nicht aus Gambia und es gibt nicht *die eine* afrikanische Kultur, Afrika ist groß und besteht aus verschiedenen Ländern. Dennoch, solche Gespräche kenne ich, und da fängt es an, schräg zu werden.

Marion: Weißt du, das Zumachen und sich auf die andere Kultur zu fixieren, diese erklären zu wollen, obwohl man gar keinen Zugang zu ihr hat, kommt aus dem Unvermögen, sagen zu können, dass es einem leid tut, dass man es nicht so gemeint hat und wohl über das Ziel hinausgeschossen ist. Menschen tun oft alles, um das, was sie gesagt haben, zu rechtfertigen, anstatt zu sagen: »Es tut mir leid, ich habe nicht genügend darüber nachgedacht.«

Florence: Ich möchte aber noch einen Schritt weitergehen. Es gibt auch welche, die glauben tatsächlich, was sie da sagen.

Marion: Das stimmt, die gibt es auch.

Florence: Die glauben tatsächlich, sich in diese ihnen vermeintlich bekannte Kultur hineindenken und sie erklären zu können, weil sie vielleicht fünf Menschen aus dieser Kultur kennen. Sie steigern sich so sehr hinein, dass sie glauben, das zu können.

Marion: Auch wenn es um andere Themen und andere Zusammenhänge geht, ich kenne diese Rechthaberei und diesen Typ Mensch. Weißt du, an einem bestimmten Punkt beende ich dann die Diskussion. Weil das ein Lost Space ist, da kannst du nichts machen, da kannst du auch nichts mehr auflösen, weil die nicht dazu bereit sind. Ich finde so was immer unheimlich schade, aber auch das muss man, glaube ich, dann so stehen lassen und sagen: »Hier scheiden wir im Dissens.«

Florence: Genau, das ist richtig, es geht ja auch nicht immer darum, andere zu überzeugen oder dass sie am Schluss auch meiner Meinung sind. Aber genau in dem genannten Beispiel ist es wichtig, die Sache dann noch mal zurückzuholen und zu sagen: »Es kann sein, dass wir beide jetzt nicht mit der gleichen Meinung auseinandergehen.« Aber trotzdem müssen wir festhalten, dass alle Jugendlichen sich den Gepflogenheiten einer Firma anpassen können. Wenn es in dieser Firma eben keine Gleitzeit gibt, die zwischen 9 Uhr und 16 Uhr liegt, sondern alle um 9:15 Uhr da zu sein haben, dann müssen, egal, wo die Jugendlichen herkommen und ihre ethnischen Wurzeln liegen, alle spätestens um 9.15 Uhr da sein. Und wer erst um 9:20 Uhr kommt, muss damit leben, zu hören zu bekommen: »Hey, du bist unpünktlich.« Das sind wir den Jugendlichen schuldig.

Marion: Ja, das ist so.

Florence: Denn, wenn sie auf den Gedanken kommen, sie dürften unpünktlich sein, weil sie Schwarz sind, tun wir ihnen keinen Gefallen damit. Das ist völliger Unsinn.

Marion: Ja, das ist kein gutes Signal, weil sie immer wieder in ein Umfeld kommen werden, wo diese Gepflogenheit ganz selbstverständlich gilt. Dann ist man schnell isoliert und bekommt negative Rückmeldungen. Das ist einfach so.

Aber für die Jugendlichen und Kinder, für die damit ein traumatisches Erlebnis verbunden ist, ist Wasser nichts Großartiges.

Was mich jetzt aber interessieren würde, gibt es denn einen Fall, bei dem du sagst, dass da die Grenze erreicht ist? Etwas, das man tolerieren muss, weil es einen komplett anderen Kulturkreis betrifft. Die Menschen leben dort anders, deshalb kann man etwas Bestimmtes in unserer Gesellschaft von ihnen nicht erwarten. Fällt dir da ein Beispiel ein?

Florence: Ja, und zwar als 2014, 2015 die Familien mit Fluchterfahrung kamen. Die Kinder und Jugendlichen mussten in die Schule. Viele Ehrenamtliche haben mich angerufen, beziehungsweise ich bin mit ihnen ins Gespräch gekommen. Sie berichteten mir von Problemen.

Wenn sie im Sommer Freizeitaktivitäten unternehmen und ins Schwimmbad gehen wollten, da hatten manche dann einfach die Herausforderung, dass Kinder oder auch Jugendliche das nicht so großartig fanden. Auch in der Schule den Schwimmunterricht nicht.

Im Sportunterricht gibt es Ballsport und anderes, eben auch Schwimmen. Damit taten sich die Jugendlichen schwer. Nicht schwer im Sinne von: »Oh, ich kann nicht schwimmen«, sondern sie wollten erst gar nicht ins Wasser.

Da war die Frage, was denn da los sei, denn Schwimmen ist bei uns ein ganz normales Fach.

Das pädagogische Personal musste erst einmal verstehen, und das haben sie ganz schnell, dass Wasser für unsere Kinder hier etwas mit Freizeit zu tun hat oder mit Alltag, Zähneputzen, Duschen, Waschen und so weiter. Aber für die Jugendlichen und Kinder, für die damit ein traumatisches Erlebnis verbunden ist, ist Wasser nichts Großartiges.

Da kann ich jetzt natürlich sagen, da können wir psychologisch vorgehen oder einfach ganz banal im schulischen Kontext nach der Benotung fragen. Bekommt dieser Jugendliche oder dieses Kind jetzt Noten für das Schwimmen? Ja, nein, oder bekommt es die Note Sechs, weil es den Unterricht verweigert hat.

Das sind Punkte, bei denen man nicht sagen kann, weil nicht ins Wasser gegangen wurde, wird hier die Note Sechs vergeben, sondern in dem Fall muss darauf Rücksicht genommen werden, weil etwas anderes dahintersteckt. Etwas, das aber nicht am anderen Kulturkreis liegt.

Marion: Genau, das kann ich jetzt nicht benoten.

Florence: Da geht ein Kind nicht ins Wasser, weil es ein negatives Erlebnis damit verbindet. Nicht weil es aus einer anderen Kultur kommt. Das ist ein anderes Thema.

Marion: Ja. Das geschieht nicht, weil das in diesem Land nicht üblich ist, sondern weil etwas Traumatisches damit verbunden ist.

Es ist eben immer wichtig, zu reflektieren, was man tut.

Die Frau aus dem ersten Beispiel hat sich interessanterweise auch Gedanken gemacht, nur ging es leider nach hinten los, weil sie den Leuten nicht zugestanden hat, dass überall auf der Welt vielleicht Pünktlichkeit etwas ist, das man durchaus erlernen kann. Aber die Sache mit dem Schwimmen ist was anderes.

Florence: Mir ist einfach wichtig, in solchen Situationen zu sagen: »Ihre Meinung ist das eine und wir müssen uns da auch nicht treffen. Aber viel wichtiger ist für mich, dass Sie den Jugendlichen damit keinen Gefallen tun.« Das ist für mich das Allerwichtigste.

 *Auch wenn das ein kontroverses Thema ist, ist es wichtig, miteinander zu kommunizieren.*

Marion: Bevor man redet und bevor man irgendeinen, egal, wie gut gemeinten Vorschlag macht, sollte man erst einmal nachdenken. Das wäre sehr wichtig. Überlegen, ob das, was man vorschlägt, auch wirklich das ist, was dem Menschen hilft und was vielleicht auch ihn da abholt, wo er steht. Ob es ihm guttut oder nicht. Also Reflektieren ist das Wichtigste. Dann geht es nämlich auch anders.

Florence: Das war ein Thema, bei dem ich ein bisschen emotional wurde, weil mir die Jugendlichen am Herzen liegen und ich einfach nicht will, dass sie in die Fettnäpfchen treten, über die wir die ganze Zeit ja auch sprechen.

Auch wenn das ein kontroverses Thema ist, ist es wichtig, miteinander zu kommunizieren. Denn es geht nur: »Reden und zusammen!«

Fazit

Positiven Rassismus gibt es nicht. Wer glaubt, Menschen mit einem anderen kulturellen Hintergrund etwas ersparen beziehungsweise erleichtern zu wollen, was sie seiner Ansicht nach wegen ihrer Hautfarbe und Herkunft ohnehin nicht leisten können, handelt schlicht respektlos. Einer Person eine Kompetenz wie Pünktlichkeit oder eine sportliche Begabung nicht zuzutrauen, weil sie aus einem anderen Kulturkreis kommt, ist unsensibel, diskriminierend, schlichtweg rassistisch.

Wichtig ist auch hier: Die eigenen Vorstellungen und Denkmuster erst mal beiseiteschieben. Stattdessen sollte offen auf den anderen zugegangen werden, mit dem Ansinnen, dass er das ist, was er ist: ein Mensch. Alles Weitere zeigt sich im Umgang miteinander.

Wertvolle pädagogische Hinweise, Workshops und Seminare, die den Bereich der interkulturellen Kommunikation stärken, sind zum Beispiel auf der Seite der Elternstiftung Baden-Württemberg zu finden:

 https://elternstiftung.de/

Farbe ins System bringen – wenn Kommunikation komplett danebengeht

In diesem Kapitel erzählt Florence von einer besonderen Begegnung, die zeigt, wie schwer sich Menschen oftmals damit tun, gegenüber Menschen mit anderen Wurzeln den richtigen Ton zu treffen und eine von Wertschätzung und Respekt getragene Kommunikation zu führen.

Marion: Kommunikation für ein besseres Miteinander, wie kann sie funktionieren?

Florence: Heute habe ich eine Geschichte mitgebracht, die ich gern erzählen möchte.

Marion: Dann leg mal los.

Florence: Ich war dienstlich unterwegs, als Pädagogin und Schulamtsdirektorin, um mich mit Schulleitungen auszutauschen. Es war ein Termin in einem Rathaus auf Einladung des Bürgermeisters. Dort wurde ich jemandem vorgestellt, der auch einmal ein offizielles Amt bekleidet hat. Es hieß dann: »Das ist Frau Brokowski-Shekete, sie arbeitet in einem Staatlichen Schulamt.« Dieser Mann, er war weiß, schaute mich an, sagte erst mal nichts – und als er seine Sprache wiedergefunden hatte, meinte er: »Sie arbeiten in einem Schulamt? Na, da bringen Sie ja Farbe ins System!«

Marion: Jetzt möchtest du sicherlich wissen, wie ich das finde?

Florence: Ja, bitte.

 *Für mich sind das 100 von 100 Unverschämtheitspunkten.*

Marion: Ich habe mehrere Gedanken dazu. Zunächst war er offenbar überrascht, keinen weißen Mann, sondern eine Schwarze Frau als Schulamtsdirektorin vor sich zu haben. Nachdem er sich von diesem Schock erholt hat, fällt ihm nichts anders ein, als deine Hautfarbe anzusprechen, und das auch noch in einer denkbar unsensiblen Bemerkung. Es interessierte ihn also weder, wer du bist, was genau du machst, welche Qualifikation du mitbringst und was deine Motivation für diesen Job ist. Das alles hätte er fragen können. Nein – er haut dir einfach diesen dummen Satz um die Ohren. Für mich sind das 100 von 100 Unverschämtheitspunkten.

Florence: Finde ich auch. Ich war baff, aber dachte dann an meine weiße Mami, die gesagt hätte: »Du bist hier in einer offiziellen Rolle und musst entsprechend reagieren.« Oder auch einfach: »Flori, was sagen die Leute, wenn du dich nicht gut benimmst?«

Ich fühlte mich sehr unwohl in dieser Situation. Ich kannte diesen Mann nicht, und er ist sofort mit einer abwertenden Gönnerhaftigkeit an mich herangetreten, die mit meiner Hautfarbe zu tun hat. Ich habe gemacht, was ich in solchen Momenten immer mache: Ich bin zwei Schritte zurückgetreten, um aus dieser Situation herauszugehen. Ich glaube, die Menschen um mich herum haben das schon mitbekommen, schienen aber ein bisschen hilflos beziehungsweise peinlich berührt. Ich versuche dann, keine große Diskussion anzufangen, um niemanden in Verlegenheit zu bringen. Es gab eine allgemeine Verabschiedung und beim Weitergehen sagte ich zu einer Frau neben mir: »Was war das denn?« Sie antwortete: »Den kenne ich, der macht manchmal auch mir gegenüber solche Bemerkungen.«

Marion: Aber macht es das denn besser? Wenn jemand sagt: »Ach, der macht das immer so!«

Florence: Na ja, man muss schon unterscheiden, ob da jetzt jemand nur eine für ihn lustige, aber für sein Gegenüber missglückte Bemerkung macht oder ob sich jemand immer so verhält.

Marion: Wobei dieser Mann gar nicht komisch sein wollte. Er wollte vermutlich ein Kompliment machen, das allerdings komplett danebengegangen ist.

Florence: Eben. Die Frau wollte mich ein bisschen aufmuntern. Manchmal kann auch das nach hinten losgehen. Wenn zum Beispiel etwas bagatellisiert werden soll, das eigentlich nicht zu bagatellisieren ist.

Marion: Weißt du, was ich in diesem Zusammenhang bemerkenswert finde? Dass niemand der Umstehenden, die das mitbekommen haben, etwas gesagt hat. Es hätte nichts Zurechtweisendes sein müssen, sondern hätte auch eine ironische Bemerkung sein können. Einfach, um zu zeigen: Wir haben das gehört und finden es nicht besonders gelungen.

Florence: Also dafür hätten die Leute einen Perspektivwechsel vollziehen müssen. Ich nehme es keinem übel, wenn er in solch einer Situation nichts sagt, weil er vielleicht auch gar nicht wüsste, was.

Marion: Es gibt noch eine andere Ebene. Selbst wenn dieser Mensch dir mit seiner Farbe-ins-System-Bemerkung ein Kompliment machen wollte, dann hat er in diesem Moment nur auf dein Erscheinungsbild abgehoben. Er hätte auch sagen können: »Ich finde es großartig, dass Sie sich in diesem

Bereich beruflich engagieren und dass Sie diese verantwortungsvolle Aufgabe übernommen haben.« oder so ähnlich. Hat er aber nicht. Im Grunde ist das eine Art von Diskriminierung, wie ich sie als Moderatorin auch schon erlebt habe. Ich habe mal eine Veranstaltung moderiert, in der es um Wirtschaftsthemen ging. Die Mehrzahl der Anwesenden waren Männer in Anzügen. Auf der Bühne, auch in den Podiumsrunden, war ich die einzige Frau in einem dunkelvioletten Kleid. Einer der Unternehmensvorstände, die Teil des Panels waren, sagte tatsächlich zu mir: »Da haben wir ja wenigstens einen netten Farbtupfer auf der Bühne.« Ich kann bei so etwas schnell schmallippig werden und habe nur gemeint: »Sie haben eine versierte Journalistin auf der Bühne.«

Wobei mir in meinem Fall vor allem das persönliche Zu-nahe-Treten zu schaffen gemacht hat.

Florence: Das sind jetzt zwei interessante Beispiele, bei denen es um verschiedene Arten von Diskriminierung geht. Einmal in Bezug auf die Hautfarbe und einmal in Bezug auf das Geschlecht. Kein Taktgefühl und keine echte Wertschätzung. Wobei mir in meinem Fall vor allem das persönliche Zu-nahe-Treten zu schaffen gemacht hat. Ich habe in diesem Moment gar nicht so sehr an Rassismus gedacht. Im Grunde hat er ja – auf seine Weise – auch ein bisschen dieses graue System der weißen Anzugträger indirekt kritisiert. Er hat es zwar sehr ungeschickt ausgedrückt, aber ich denke, es ging in diese Richtung.

Marion: Aber sie haben uns in beiden Fällen auf unser Äußeres reduziert. Bei dir kam noch der »Exotikfaktor« hinzu. Wahnsinn eigentlich. Als ob man als Frau nicht beides vereinen könnte. Den Intellekt und ein ansprechendes Äußeres. Entweder hübsch und doof. Oder schlau und hässlich. Was für Stereotype da noch immer vorherrschen in den Köpfen von vielen Leuten.

Florence: Ich habe in meinem Berufsleben verschiedene Hüte auf. Wenn ich meinen pädagogischen Hut als Schulamtsdirektorin aufsetze, frage ich mich manchmal, ob das bedeutet, dass ich mich auch äußerlich dieser Funktion anpassen muss. Im Sinne von: Bitte nicht zu sehr auffallen, wenn ich schon durch meine Hautfarbe auffalle. Dann wenigstens die Haare schlicht und die Kleidung nicht ganz so farbenfroh. Aber dann sage ich mir: Nein, ich muss mich nicht unauffällig machen. Ich bin so, wie ich bin. Ich zeige mich so, wie es mir gefällt und wie ich mich wohlfühle.

Marion: Das kann ich gut nachvollziehen. Bei meinen ersten Einsätzen als Moderatorin von Panels und Podiumsdiskussionen habe ich auch erst mal versucht, mich anzupassen und eher unauffälliger zu kleiden. Das habe ich mir schnell abgewöhnt. Farbenfroh auf der Bühne ist absolut in Ordnung und das Wichtigste ist, dass ich mich in meiner Kleidung und mit meinem Kleidungsstil wohlfühle.

Florence: Für mich sind es die Haare. Weil die einfach zu mir gehören. Wenn ich Braids tragen möchte, dann trage ich Braids, und die passen zu einem Businesskleid genauso wie zu einem Party-Outfit. Da habe ich mich vollkommen emanzipiert und sage: Ich habe einen seriösen Beruf, aber meine Haare sind so, wie ich das haben will, weil sie so zu mir passen.

Marion: Das ist der Weg. Bei sich bleiben und in den Momenten, in denen man merkt, dass in der Kommunikation etwas schiefläuft, sich ruhig trauen, das auch anzusprechen. Das kann man sehr freundlich machen, es muss kein aggressiver Tonfall sein. Aber darüber reden ist besser, als es totzuschweigen.

Florence: Wie immer heißt es: »Reden und zusammen!«

Fazit

Sich nicht kleinzumachen und zu verleugnen ist eine der zentralen Botschaften dieses Kapitels. Situationen wie geschildert, egal, um welche Art der Diskriminierung es dabei geht, sind herabwürdigend und vollkommen inakzeptabel. Jedoch stellt es kein Zeichen von Schwäche dar, nicht gleich die passenden Worte parat zu haben, um sich einer solchen Situation zu erwehren. Auch im Nachhinein können die Suche nach Verbündeten, auch Allys genannt, und das Reden über die Situation eine befreiende Wirkung haben. Ist jedoch zu spüren, dass der Ärger oder die Verletzung weiter anhält, ist es ratsam, die Person, sollte sie sich weiterhin im unmittelbaren beruflichen oder privaten Umfeld befinden, mit der Situation zu konfrontieren.

Im Verlauf einer solchen Situation ist es sehr stärkend, Solidarität von Dritten zu erfahren. Das muss nicht immer die große Empörung oder die spitze Bemerkung sein. Ein »Wie haben Sie das jetzt gemeint?« reicht oftmals aus und bringt den anderen dazu, sich erklären zu müssen. Oft wird ihm dann klar, dass sein Verhalten nicht positiv angekommen ist. Auch ein ruhiges Erklären des eigenen Eindrucks kann hilfreich sein, um den anderen zum Nachdenken zu bringen.

Das Signal, »Ich habe die Abwertung ebenfalls wahrgenommen und finde das nicht in Ordnung«, ist für Betroffene ein wertvoller Beitrag, der sie ermutigt, solche Situationen nicht einfach hinzunehmen und darüber hinwegzugehen.

»Nur gucken, nicht anfassen!« –
Über Respekt und Grenzüberschreitungen

Warum der Griff in fremdes Haar grundsätzlich nicht in Ordnung ist, in manchen Fällen aber durchaus erlaubt sein darf. Die erstaunliche Erkenntnis, dass Grenzüberschreitungen nicht immer nur in eine Richtung gehen.

Florence: Schubladendenken ist oftmals vermeintlich einfach und scheint schnelle Lösungen anzubieten. Aber stimmt das wirklich?

Marion: Nein, da wollen wir unbedingt raus und mitten rein ins pralle Leben und gleich mal rein in die Haare, Florence. Das ist nämlich eine Begebenheit, die dir öfters passiert und die ein bisschen schwierig ist.

Florence: Ich muss ehrlich sagen, das ist mein Albtraumthema. Haar ist sowieso mein Thema schlechthin und das schon von klein auf.

Ich sah als Mädchen immer aus wie ein Junge, weil ich kurzes Haar hatte. Mir fassten die Leute immer ins Haar, weil, wie sie sagten, das so niedlich sei. Es passiert mir bis heute, dass mir Menschen einfach ins Haar fassen.

Neulich erst. Eine Frau guckte mich an und sagte: »Cool«, und schon waren ihre Hände in meinem Haar, »sind die echt?«.

Ich war so konsterniert und habe gedacht: Okay, das ist jetzt peinlich. Was mache ich? Ich möchte einfach diese Grenzüberschreitung nicht. Ich bin auch kein Ausstellungsstück! Und auch beim Obst heißt es: »Nur gucken, nicht anfassen!« Es ist mir peinlich.

Marion: Aber Florence, sag mal, ich kann mir das jetzt, ehrlich gesagt, gar nicht vorstellen, weil ich noch nie in meinem Leben jemanden ins Haar gefasst habe. Also jedenfalls nicht ungefragt.

Ist es so, dass Leute aus dem Nichts mitten auf der Straße fragen, so ganz direkt: »Hallo, darf ich mal anfassen?« Oder: »Hallo, wie fasst sich das an?«

Florence: Die Person, die das neulich gemacht hat, habe ich nicht auf der Straße getroffen. Aber wir waren uns auch nicht so nah, dass wir uns gegenseitig anfassen. Ich war schon sehr perplex, weil sie einfach meine Distanzzone überschritten hat. Dann habe ich überlegt, was ich mache. Wie gesagt, es ist mir peinlich gewesen. Ich bin dann so ein bisschen beschämt über diese Situation hinweggegangen. Als ich später allein in meinem Büro saß, habe ich gedacht, dass ich ihr das sagen muss. Weil es mich wahnsinnig gestört hat.

Marion: Na klar, und hast du ihr es gesagt?

Florence: Ja, ich bin dann noch mal auf sie zugegangen. Da kommt mir dann mein Coaching zugute. Ich habe überlegt, wie ich es ihr sage, damit sie es dann auch versteht. Zumal sie meinte: »Oh cool, sind die echt?«

Ich habe zu ihr gesagt: »Wissen Sie, wenn jetzt eine Frau vor Ihnen stünde, die einfach gut gebaut ist und Doppel-D trägt, die würden Sie doch auch nicht anfassen und fragen, »Boah, sind die echt?«.

Das hat sie verstanden. War vielleicht ein blödes Beispiel.

Marion: Nein, ich finde das in diesem Fall sehr angemessen.

Aber weißt du, ich wäre wahrscheinlich im Reflex sogar noch einen Schritt weitergegangen. Also mir fasst niemand ins Haar. Das hat auch seinen Grund, weil ich nicht so großartiges Haar habe wie du. Meine Haare sind eher so »Pump-up the Volume«, da gibt es nichts zum Anfassen.

Aber wenn das jemand machen würde, würde ich erst mal sagen: »Okay, und jetzt fasse ich mal kurz in Ihre, ja?«

Ich würde es vielleicht nicht tun, aber ich würde es sagen.

Florence: Ja, das wäre dann eine Grenzüberschreitung, die ich nicht mag und auch nicht machen möchte. Es könnte aber sein, dass jemand es dann vielleicht kapiert. Ich bin dann erst mal derart perplex und denke: Moment, ich überschreite doch deine Grenze auch nicht.

Trotzdem habe ich mir überlegt, warum Leute das machen. Denn es ist mir schon öfter passiert. Einmal saß ich in einem Vorlesungssaal und merkte, dass hinten am Kopf etwas zog. Es war ein Kollege, der schon immer wissen wollte, was mit meinem Haar sei. Er sah wohl seine Chance und zog mir am Haar. Ich war so überrascht, als ich mich umdrehte.

Marion: Er zog auch noch?

Florence: Er zog an meinem Haar und fragte: »Ist das echt?«
Ich drehte mich, wie gesagt, um, war wirklich verblüfft und sagte zu ihm: »Du, ich zieh doch bei dir auch nicht und frag, ob es echt ist.«

Na ja, als es draußen war, wurde mir erst bewusst, was ich gesagt hatte. Alle um mich herum lachten und lagen förmlich auf dem Boden. Aber der Typ hat es nie wieder gewagt.

Marion: Ja, man muss sich natürlich fragen, was die Motivation ist.

Also grundsätzlich versuchen wir erst mal, positiv an das Ganze heranzugehen. Neugier ist ja an sich nichts Schlechtes. Neugier zeigt auch: Ich habe ein Interesse an dir. Du bist anders als ich, du bist merkwürdig.

Zumindest bei kleinen Kindern ist es so, wenn sie einem Kind begegnen, das anders ist. Dann wird dieses Kind erst mal angefasst.

Darf man, nur weil ich zu einer vermeintlichen Minderheit gehöre, meine Grenzen überschreiten?

Florence: Sagen wir mal so, Neugier ist in Ordnung. Wenn jemand sagen würde, dass ich anders sei, würde ich es okay finden. Wenn die Person sagen würde, ich sei merkwürdig, würde ich sagen: »Nein, anders, aber nicht merkwürdig.«

Wenn jemand sagt: »Ich arbeite in einem Friseursalon und ich würde so gerne mal in dein Haar fassen. Darf ich?« Wenn man mich also fragen würde, ist es noch mal etwas anderes, dann kann ich entscheiden, ob ich das möchte. Wenn man mich einfach anfasst, fühle ich mich wirklich wie ein Ausstellungsstück, das man einfach anfassen darf. Ich habe mich gefragt, was das soll. Darf man, nur weil ich zu einer vermeintlichen Minderheit gehöre, meine Grenzen überschreiten? Darf man mich einfach anfassen? Muss ich das auch noch gut finden? Da sage ich, nein, ich muss es nicht gut finden.

Ich habe für mich die Theorie gehabt, dass weiße Menschen das Haar von anderen anfassen, weil sie nicht merken, dass sie eine Grenze überschreiten.

Marion: Aber spiegelst du das den Leuten dann? Kannst du das, bringst du das fertig, immer einigermaßen gelassen zu bleiben, oder reizt es dich manchmal auch zu sagen: »Hey, ich glaub', es hackt?«

Florence: Nein, ich bin immer gelassen. Es ist mir meist derart peinlich, dass ich versuche, über die Situation hinwegzugehen, sodass ich der anderen Person diese Peinlichkeit auch erspare. Weil ich einfach so perplex bin und mir die Frage stelle, wie man nur so grenzüberschreitend sein kann. Aber ich hatte tatsächlich auch mal eine Situation, in der mir deutlich wurde, dass ich meine Theorie über Bord werfen muss.

Ich war in einem Afroshop, also einem Friseursalon speziell für afrikanisches Haar, und habe dort meine Produkte gekauft. Es waren auch andere Frauen dort, andere Schwarze Frauen. Eine interessierte sich dafür, was ich gekauft habe und wie sich das in meinem Haar anfühlt. Auf einmal zog auch sie an meinem Haar.

Marion: Oh!

Florence: Ja! Sie zog an meinem Haar und wollte wissen, wie sich das anfühlte, was ich da gerade gekauft hatte, weil ich es bereits in den Haaren hatte. In dem Moment dachte ich, dass ich meine Theorie über Bord werfen muss. Weiße Menschen fassen Schwarzen nicht ins Haar, weil sie denken, dass das ein interessantes oder exotisches Detail sei, oder weil sie der Meinung sind, dass sie als weiße Menschen Schwarze Menschen anfassen dürften. Dieses Verhalten scheint menschlich zu sein. Die Frau in dem Afroshop hat auch an meinem Haar gezogen. Der Grund dafür war sicherlich kein exotisches Interesse, sondern weil sie wissen wollte, wie sich das, was sie sieht, anfühlt. Das macht es nicht besser, es scheint aber menschlich zu sein. Um etwas zu begreifen, müssen Menschen es anscheinend einfach anfassen. Das hat mich noch mal zum Nachdenken gebracht.

Marion: Aber ich denke, das ist ein ganz wichtiger Punkt, zu sagen, das passiert nur bei der einen Gruppe und bei der anderen Gruppe passiert das eigentlich nie. Es kann offenbar bei allen vorkommen. Man müsste sich dann noch darüber unterhalten, ob das okay ist oder einfach nur übergriffig. Deshalb würde ich gern wissen, wie du das fandest. Warst du da milder gestimmt, als diese Schwarze Frau dir ins Haar gewuschelt hat?

 *Entschuldigung, du hast gerade meine Grenze überschritten.*

Florence: Ich muss sagen, dass meine Reaktion, also mein Gefühl, das gleiche war. Nämlich: »Entschuldigung, du hast gerade meine Grenze überschritten.«

Da habe ich keinen Unterschied empfunden, in dem Sinne, sie darf das, weil sie Schwarz ist. Und Weiße dürfen es nicht, weil sie weiß sind. Im Gegenteil, ich fand es interessant und habe mich in dem Moment selbst hinterfragt und festgestellt, dass mein Gefühl das gleiche ist.

Ich mag nicht, wenn man meine Grenze, meine Distanzzone überschreitet, wenn man mich anfasst, ohne dass man mich vorher fragt. Da macht es für mich keinen Unterschied, ob es eine Schwarze oder eine weiße Frau ist. Anschließend dachte ich, grenzüberschreitend mag sein, aber es ist ein menschliches Verhalten.

Ich bin mehr von weißen, als von Schwarzen Menschen umgeben. Prozentual haben damit mehr weiße Menschen Interesse an meinem Haar als Schwarze. Also fassen mir damit auch mehr weiße Menschen ins Haar als Schwarze.

Da war für mich klar, dass ich nicht möchte, dass es überhaupt ein Mensch tut.

Marion: Ja, klar. Das sind die Verhältnismäßigkeiten. Aber wie ist es denn, das würde mich auch interessieren, wenn dich jemand fragt? Würdest du dann Ja sagen oder würdest du in der Situation noch mal differenzieren?

Florence: Ja, da differenziere ich, und zwar nicht nach der ethnischen Herkunft, sondern schlichtweg, ob mir die Person sympathisch ist oder die Situation angenehm ist.

Einmal war ich in meinem professionellen Umfeld unterwegs. Ich hielt eine Rede als Vertreterin der Behörde, für die ich arbeite. Alle Anwesenden wussten also genau, dass ich die Schulamtsdirektorin bin. Im Anschluss gab es ein Gettogether. Da kam eine Amtsperson auf mich zu und sagte: »Ach, ich saß die ganze Zeit hinter Ihnen und habe mich gefragt, boah, was für Haare.«

Ich dachte für mich: Krass, noch nicht einmal in diesem Umfeld kannst du dich zurückhalten. Ich trete hier als Amtsperson auf. Und anstatt, dass du mich was zu meiner Behörde fragst, sprichst du mich auf mein Haar an.

Also anscheinend ist es so, dass da ...

Marion: ... alle Hemmungen fallen. Wenn wir sagen können, es scheint menschliches Verhalten zu sein, dass man neugierig ist und manchmal im wahrsten Sinne des Wortes übergriffig wird und tatsächlich meint: »Kann ich mal anfassen?«, dann gibt es da offenbar weniger Hemmungen einer Person gegenüber, die man in diesem Moment nicht als der eigenen Ethnie zugehörig verortet.

Florence: Ja, wobei, wie gesagt, die Frau im Afroshop hat es auch gemacht. Aber die hat es gemacht, weil sie einfach wissen wollte, wie sich das Produkt anfühlt, um es eventuell auch zu kaufen. Wie gesagt, es ist anscheinend ein menschliches Verhalten und hat wenig damit zu tun, wo die Person herkommt. Es hat etwas damit zu tun: »Kenn ich nicht, will ich begreifen.«

Marion: Ja, das ist ein bisschen so. Aber man muss auch knallhart sagen, dass es Grenzen gibt, und zwar körperliche. Ich finde es sehr unsensibel, jemanden einfach an den Kopf oder ins Gesicht zu fassen. Das gestattet man nur sehr vertrauten Menschen.

Florence: Ich meine, wie wäre es umgekehrt? Also, jetzt stell dir vor, es kommen Menschen auf deine Kinder zu, als sie noch klein waren, und fassen sie einfach an, fassen ihnen ins Gesicht oder an den Kopf.

Bitte, finde es nicht nur süß, weil es dunkel ist, weil es Schwarz ist, sondern weil es ein Mensch ist.

Marion: Da war ich immer alert, das mochte ich gar nicht. Wenn auf einmal Hände im Kinderwagen waren und dann »Dutzi, Dutzi« gemacht und in die Wange gekniffen wurde. Das fand ich schrecklich. Wobei ich immer schnell lebhaft und temperamentvoll reagiere. Da musste ich mir dann sagen, dass das häufig ältere Frauen waren, die wirklich begeistert waren von dem Baby. Die willst du nicht anranzen und sagen:

»Hier, Finger weg von meinem Kind.« Da habe ich immer ein bisschen durchgeatmet und gemeint, man müsse aber dem Kind nicht gleich in die Wange kneifen. Ich wüsste, es sei niedlich, aber ein bisschen Abstand wäre gut. Ich habe immer versucht, das dann etwas runterzukochen.

Aber, es stimmt, ich mochte es auch nicht, wenn meine Kinder einfach angefasst wurden. Ich könnte mir vorstellen, dass das bei kleinen Schwarzen Kindern noch mal ein Grad heftiger ist, oder?

Florence: Ja, zumindest habe ich das so erlebt oder beobachte das auch. Klar, kann man sagen, die Kinder sind süß. Ich sage mal, alle Kinder sind süß. Sein eigenes findet man immer am süßesten auf der Welt.

Marion: Natürlich, das ist immer das Schönste.

Florence: Das muss auch so sein. Trotzdem habe ich das auch nicht gemocht. Wenn dann das Argument kam, aber Schwarze Kinder sind nun mal so süß. Dann denke ich: Ja, das kannst du so empfinden. Das ist auch ein Kompliment für mich, wenn du mein Kind süß findest, aber bitte, fasse es nicht an. Bitte, finde es nicht nur süß, weil es dunkel ist, weil es Schwarz ist, sondern weil es ein Mensch ist.

 *Distanzzonen gibt es in der verbalen und in der nonverbalen Kommunikation. Die sollte man einhalten.*

Natürlich reagieren wir alle auf das Kindchenschema und finden Kleine ganz süß. Distanzzonen gibt es dennoch. Distanzzonen gibt es in der verbalen und in der nonverbalen Kommunikation. Die sollte man einhalten. Ich mag es zum Beispiel auch nicht, wenn mir jemand die Hand gibt und mich dann ganz nah an sich heranzieht.

Marion: Nein, das ist furchtbar. Es gibt diese Individualdistanz. Eine Armlänge Abstand von jemandem, den man nicht zu seinem engen persönlichen Umfeld zählt, das ist der Abstand, den man einhalten sollte.

Florence: Richtig. Die Armlänge übertrage ich auch immer gern auf die verbale Kommunikation, und sie passt wunderbar zur Geschichte mit dem Haar. Wobei die Leute dann ihre Hand ausstrecken. Es ist zwar eine Armlänge Abstand und trotzdem sage ich: »Leute, nein, das geht nicht.« Wenn man mich fragt und es vielleicht noch begründet oder einfach nett sagt: »Ich bin neugierig, darf ich mal?«, dann ist das erst mal in Ordnung.

Man muss aber auch die Antwort ertragen können. Also, wenn jemand fragt: »Wäre es okay, dass ich in Ihr Haar fasse?« Und ich antworte: »Nein, es ist nicht okay«, dann will ich kein »Jetzt stellen Sie sich mal nicht so an« hören.

Marion: Es ist nämlich auch wichtig, glaube ich, dass man eine Ablehnung annehmen kann. Es ist wichtig, mit ihr souverän und gelassen umzugehen.

Natürlich kann es sein, dass wir im ersten Moment reflexhaft sagen, dass es okay ist. Dann bemerken wir, dass das, worum es gerade geht, für uns aber eigentlich gar nicht okay ist. Und es kostet eine gewisse Überwindung, das dann auch zu sagen. Weil man immer einkalkulieren muss, dass man den anderen vor den Kopf stößt. Wobei die andere Person aber auch mit unserem Nein umgehen können muss.

Florence: Ja, und es betrifft etwas Persönliches, das muss ich nicht gut finden. Ich muss es dem anderen auch nicht zugestehen. Natürlich mache ich einen Unterschied, wenn jemand bloß sagt, ohne anzufassen: »Sie haben aber schönes Haar.«

Über ein Kompliment freue ich mich natürlich.

Das passiert mir auch auf der Straße, dass mich Leute anschauen. Neulich kam eine Frau aus einem Restaurant und sagte: »Ach, Ihre Haare sind aber schön.«

Da kann ich für mich entscheiden, ob ich pikiert bin, weil sie mich als Schwarze Frau anspricht und das bei einer weißen Frau mit glattem Haar vermutlich nicht machen würde. Oder ob ich es als Kompliment auffasse und Danke sage.

Marion: Das ist der Punkt, wie man selbst dazu steht und ob man diese Empfindlichkeit hat, bis ins Letzte, und sagt: »Nein, dazu darfst du gar nichts sagen.« Oder ob man sich sagt, dass die Person es freundlich gemeint hat und auch nicht übergriffig wurde.

Florence: Ja, ich freue mich über Komplimente. Wenn mir das jemand sagt, warum nicht? Ein Kompliment ist doch etwas Schönes.

Marion: Fassen wir mal zusammen. Wie geht es denn auch anders? Also, erst mal gucken ist erlaubt.

Ich finde immer, dass es in einer guten Art und Weise auch erlaubt ist, neugierig zu sein. Dann muss man aber situationsangemessen reagieren. Wenn ich etwas anfassen und damit auch für mich begreifen möchte, bitte erst fragen und akzeptieren, wenn der andere das ablehnt.

Florence: Und wirklich prüfen, ob es situationsgerecht ist. Ich laufe nicht auf der Hauptstraße hinter jemandem her und sage der Person, dass ich schon immer mal in ihr Haar fassen wollte, das geht natürlich nicht.

Marion: Nein, das geht gar nicht. Dennoch, jede Diskussion ist wichtig, bei der nie vergessen werden darf: »Reden und zusammen!«

Fazit

Ganz grundsätzlich: Man fasst andere Menschen nicht einfach an und schon gar nicht in die Haare! Man macht auch keine unbedachten Bemerkungen!

Unser Haar ist Teil unserer Persönlichkeit und – ja – auch unseres kulturellen Erbes. Es womöglich auch noch ungefragt zu berühren, ist schlicht übergriffig und grenzüberschreitend.

Vielleicht hilft die Überlegung, ob man selbst gerne möchte, dass andere uns in das wie auch immer frisierte Haar fassen.

Und wenn dann doch einmal, möglicherweise aus professionellem Interesse, der Wunsch besteht, Haare berühren zu wollen, ist es unbedingt zuerst geboten, um Erlaubnis zu fragen. Lautet die Antwort dann »Nein«, ist dies diskussionslos zu akzeptieren. Nein heißt Nein, nicht vielleicht und erst recht nicht »Mach halt!«.

Zum Thema Afrohaar hier noch ein sehr eindrücklicher Artikel von Celia Parbey:

 https://editionf.com/afrohaar-ist-politisch/

Epilog

Marions Nachwort

»Reden und zusammen!« – das ist das Motto, das sich als roter Faden durch unsere Podcastreihe zieht. Seit nunmehr insgesamt fünf Staffeln. Und in dieser Zeit des Miteinanderredens und Sichaustauschens über Fragen, die nicht selten heikel sind und in der öffentlichen Debatte schnell zu erhitzten Diskussionen führen, ist mir mehr denn ja klar geworden, wie wichtig es ist, im Gespräch zu sein und zu bleiben. Wer nicht mit anderen redet, sondern nur über sie, gerät schnell in Gefahr, es sich bloß in seiner eigenen Bubble bequem zu machen.

Also raus aus der Komfortzone und rein in den Dialog. Natürlich kostet das Überwindung. Aber es lohnt sich. Denn erst im direkten Austausch ist es möglich, sich die Perspektive des Gegenübers erklären zu lassen. Und nachfragen zu können. Und sich zu öffnen. Für neue Gedanken, neue Ideen und – wenn es richtig gut läuft – auch für ein Überdenken der eigenen Position. Die viel zitierte Augenhöhe wird so zu gelebter Wirklichkeit.

> *Demokratie lebt vom Aushandeln solcher Kompromisse. Vom immer wieder neuen Ringen um die beste Lösung. Aber nicht in Streit und Wut, sondern in gegenseitigem Respekt.*

Und auch wenn wir bei manchen Aspekten erst mal nicht zusammenkommen, ist das noch nicht das Ende des Dialogs. Sondern im besten Fall der Auftakt zu einem weiteren Gespräch. Unterschiedlicher Meinung zu sein ist vollkommen normal in einer vielfältigen Gesellschaft. Aber es ist gleichzeitig auch eine Aufforderung zum Kompromiss. Zu einer Begegnung auf halber Strecke und der Suche nach einem gemeinsamen Nenner, den alle mittragen können. Demokratie lebt vom Aushandeln solcher Kompromisse. Vom immer wieder neuen Ringen um die beste Lösung. Aber nicht in Streit und Wut, sondern in gegenseitigem Respekt. Das zu verstehen und es auch umzusetzen ist eine der großen Herausforderungen unserer Tage. Ich hoffe sehr, dass wir mit diesem Buch und unserer Podcastreihe Menschen dazu inspirieren, sich auf neue Perspektiven einzulassen und mutig in den Austausch zu gehen. Nachzufragen, wenn etwas unklar ist. Die eigene Position so zu erklären, dass der andere sie verstehen kann. Interesse haben an dem, was der andere denkt und fühlt. Offen sein für das, was außerhalb der eigenen Erfahrungswelt liegt.

Rücksicht und Weitsicht. Und auch ein bisschen Nachsicht. Das sind die Grundpfeiler einer guten Kommunikation. Und einer krisenfesten, weil konstruktiven Gesellschaft.

Eben einfach: »Reden und zusammen!«

Florence' Gedanken

»Reden und zusammen!« Mit dieser Absicht haben wir die vorliegenden dreizehn Gespräche geführt. Es ist uns gelungen, wir haben geredet, wir haben erklärt, wir haben erläutert, gemeinsam und zusammen.

Immer und immer wieder beschreibe ich die unterschiedlichen Situationen, erkläre, warum sie nicht guttun, ein Gefühl von Schwere und Mühe hinterlassen, wie kräftezehrend sie sind und tagelang nachwirken können, wie viel Energie sie rauben und gar krank machen können.

Miteinander reden bedeutet gleichzeitig, aufeinander zugehen, an dem positiven Band der Kommunikation festhalten. Es bedeutet, gemeinsam konstruktive Wege zu beschreiten, nach Lösungen zu ringen, immer mit dem Wunsch, mit einem möglichst wohlwollenden Eindruck das Gespräch zu beenden, Irritationen möglichst niedrig zu halten.

,,

*Es sind Mikroaggressionen, die
wie Nadelstiche fast unmerklich
und dennoch nachhaltig zu mikroskopisch kleinen Verletzungen
führen, die zusammen eine
große Wunde ergeben. Es sind
Mikroaggressionen, die zu Mikroenttäuschungen führen.*

In den dreizehn Gesprächen war es ein Leichtes, diese Absicht zu verfolgen, es lag ja kein gemeinsamer Konflikt vor. Im Gegenteil, Marion und ich besprachen die unterschiedlichen Situationen auf einer gemeinsamen Metaebene.

Und dennoch, es sind Situationen, wie sie täglich vorkommen, Situationen, wie sie Menschen mit einer sichtbaren Migrationsgeschichte tagtäglich erleben. Es sind Mikroaggressionen, die wie Nadelstiche fast unmerklich und dennoch nachhaltig zu mikroskopisch kleinen Verletzungen führen, die zusammen eine große Wunde ergeben. Es sind Mikroaggressionen, die zu Mikroenttäuschungen führen.

»Nennen Sie doch mal ein paar Beispiele von alltäglichem Rassismus«, werde ich bei Veranstaltungen und Lesungen von meinem weißen Publikum oder bei Interviews von den weiß besetzten Redaktionen gefragt. Und dann nenne ich genau diese Beispiele, so als ob es das Normalste auf der Welt wäre. Immer und immer wieder beschreibe ich die unterschiedlichen Situationen, erkläre, warum sie nicht guttun, ein Gefühl von Schwere und Mühe hinterlassen, wie kräftezehrend sie sind und tagelang nachwirken können, wie viel Energie sie rauben und gar krank machen können. Ich beschreibe, dass natürlich alle Betroffenen diese Situationen individuell verarbeiten. Dann schaue ich in wahrhaftig betroffene Gesichter, die Bedauern und Mitleid ausdrücken und gleichzeitig eine Erleichterung zeigen, selbst solche Situationen nicht erleben zu müssen. Fremdschämen ist der Begriff, der dann oft fällt. Von Menschen, die aufrichtig um einen Perspektivwechsel bemüht sind, die versuchen, sich in die zum Teil anstrengende Lebenswirklichkeit von marginalisierten Menschen hineinzuversetzen.

Sie fragen mich dann aber auch, ob diese oder jene Begebenheit denn wirklich etwas mit der Hautfarbe zu tun haben muss oder vielleicht doch eher an der mangelnden Sozialkompetenz läge, von der auch eine weiße Person betroffen sein könnte. Es werden Beispiele angeführt, in denen sie Ähnliches erfahren haben. Andere meinen beobachtet zu haben, dass eine Schwarze Person das auch schon mal gemacht habe. Man möchte mich stellvertretend für alle diskriminierten Menschen trösten oder mir vorsichtig einen Spiegel vorhalten, in der Hoffnung, dass die geschilderten Situationen dann doch nicht so schlimm sind, so leichter erscheinen und man sich mit der Frage nach dem alltäglichen Rassismus für den Moment nicht weiter auseinandersetzen muss. Und man hat schließlich gezeigt, »dass wir alle irgendwie gleich schlimm sind«.

Das wäre sehr erleichternd, es würde das Gewissen beruhigen, die Scham verringern, die man verspürt, als privilegierter weißer Mensch. In dem Moment muss ich mein weißes Publikum jedoch enttäuschen, es ist kein Trost, es ist kein Spiegel, es ist eine Relativierung, ein Whataboutism.

Ist es beruhigend zu wissen, dass die Mitarbeiterin an der Rezeption einer großen Hotelkette schlicht kein Benehmen hat und ihr überhebliches Verhalten nicht aufgrund meiner Hautfarbe erfolgte, sondern weil sie glaubte, über mir zu stehen? Diese Fallanalyse möchte ich, während ich damit zu tun habe, herablassend behandelt zu werden, gar nicht vornehmen müssen, um dann zur Beruhigung aller zu dem Schluss zu kommen, es sei vielleicht doch nur mangelnde Höflichkeit oder auch das Vergessen einer guten Kinderstube, die zu dem schlechten Kundenservice führte. Noch mal Glück gehabt? Es war zwar respektloses Verhalten zu überstehen, aber das hatte nichts mit der Hautfarbe zu tun?

Reden und zusammen? Erklären und erläutern?
Ja, sehr gerne, unter der Voraussetzung, dass Menschen mit sichtbar anderen Wurzeln stets auch das selbstverständliche Mindestmaß an Höflichkeit, Respekt und Achtung entgegengebracht wird, wie es Menschen der sogenannten Mehrheitsgesellschaft ebenfalls genießen sollten.

Oder die Lehrkraft in der Schule, die sich konsequent weigert, den ausländisch klingenden Vornamen ihres Schülers richtig auszusprechen, weil, wie sie sagt, dieser kompliziert und zu lang sei. Ist sie nur unsicher, will sie nichts falsch machen, würde sie einen komplizierten langen deutsch klingenden Vornamen auch nicht aussprechen? Ja, nehmen wir doch diese Erklärung und schon hat es nichts mehr mit der Migrationsgeschichte des Schülers zu tun, alle sind erleichtert. Zumindest könnte man es sich auf diese Weise schön- und das Problem aus der Welt reden. Der Schüler, dessen Vorname konsequent ignoriert wird und der dann seinen Namen zum Wohle aller auf eine aussprechbare Kurzform abändert, gilt als locker, umgänglich, angenehm, nett.

Wie anstrengend solche Überlegungen für die diskriminierte Person sind, muss an dieser Stelle nicht weiter erläutert werden, es liegt auf der Hand und es gilt, dies endlich anzuerkennen.

Die Menschen, die sich aufgrund ihrer Wurzeln jeden Tag aufs Neue legitimieren müssen, die in »Ist doch nicht so gemeint«-Mäntelchen gehüllte Unverschämtheiten im Berufs-, Schul- und Alltagsleben und permanente Mikroenttäuschungen mit Makrowirkungen wegatmen müssen, diese Menschen sind zudem noch damit beschäftigt, stets die netten, konzilianten zu sein und bloß nicht als mürrisch, meckernd und übellaunig zu gelten.

Reden und zusammen? Erklären und erläutern?

Ja, sehr gerne, unter der Voraussetzung, dass Menschen mit sichtbar anderen Wurzeln stets auch das selbstverständliche Mindestmaß an Höflichkeit, Respekt und Achtung entgegengebracht wird, wie es Menschen der sogenannten Mehrheitsgesellschaft ebenfalls genießen sollten. Erst wenn diese Hürde genommen und diese vermeintliche Anstrengung der Mehrheitsgesellschaft vollzogen ist, können wir gemeinsam und zusammen über all jene Situationen des Alltages reden, die trotz aller bisherigen Erklärungen und Bemühungen möglicherweise noch immer weiterer Erläuterungen bedürfen.

Reden und zusammen? – Zuhören und verstehen!

Dank

Von der Idee für einen Podcast bis zur Veröffentlichung der ersten Folgen und zum Erscheinen dieses Buches gab es viele Menschen, die uns ganz wundervoll unterstützt haben.

Wir bedanken uns bei der Produktionsfirma für die Aufnahmen der ersten Staffel.

Ein besonderer Dank gilt Stefan Wagner und Sonja Wocheslander, die unseren Podcast ab Staffel zwei unterstützt und so zu seinem erfolgreichen Gelingen beigetragen haben.

Auf der operativen Ebene gilt Michael Krumpe, genannt Mischa, ein riesengroßes Dankeschön. Ihm gelingt es, von Woche zu Woche, unsere Aufnahmen jeden Donnerstag als Gesamtkunstwerk hörbar zu machen.

Für das Intro und Outro des Podcasts sagen wir ein großes Dankeschön an Nicole Abraham und Karsten Kammholz für das ›Ausleihen‹ ihrer schönen Stimmen.

Jeder Podcast und jedes Buch brauchen ein Coverbild. Ein Dankeschön an Charles Schrader für seine Begeisterung und seine sofortige Bereitschaft, die Podcastbilder der ersten Stunde für und mit uns zu entwerfen.

Ein besonderer Dank gilt dem Sponsor unseres Podcasts Deutsche Bahn, wo er im Entertainmentprogramm präsent ist. Vielen Dank für so viel Vertrauen in unsere Arbeit.

Ebenso bedanken wir uns bei dem SRH-Berufsbildungswerk Neckargemünd, das uns als Sponsor der zweiten und dritten Staffel unseres Podcasts unterstützte.

Danke schön auch an Tanja Valérien, die nun schon zum zweiten Mal für das Buchcoverfoto und die Pressebilder verantwortlich ist. Nach dem professionellen Hair & Make-up durch die wunderbare Visagistin Gaby Speckbacher fühlten wir uns mit der geduldigen Fotoassistenz von Jonathan Gordon vor Tanjas Kamera sehr wohl.

Vom Podcast zum Buch – hier geht ein herzlicher Dank an Verlegerin Annette Michael vom Orlanda Verlag Berlin für die mittlerweile langjährige Zusammenarbeit, das sofortige »Ja, das machen wir« und damit das Vertrauen in unsere Autorinnenarbeit. Danke schön auch an Stephanie Koch für die bisherige Unterstützung bei Veranstaltungen vor Ort.

Was wäre ein Lektorat ohne den professionell gründlichen Blick von Palma Müller-Scherf, mit ihr besteht seit dem ersten Buch diese wunderbare Zusammenarbeit. Sie war es, die den Orlanda Verlag und Florence Brokowski-Shekete damals miteinander in Kontakt gebracht hat. Dafür ein besonderer Dank.

Wir bedanken uns für das Korrektorat bei der gewissenhaften Fehlerfinderin Jessica Zeltner und für die Pressearbeit bei unserer innovativen Pressefrau Julia Marquardt.

Last, but not least danken wir unseren Familien und Herzensmenschen, die stets mit Geduld, Rat und Tat unser Podcast- und Buchprojekt begleiten.

Über das Leben als Schwarze in Deutschland: der SPIEGEL-Bestseller.

Florence Brokowski-Shekete
Mist, die versteht mich ja!
Aus dem Leben einer Schwarzen
Deutschen
ISBN 978-3-944666-76-1
240 Seiten, Klappenbrosch., € 22,00
Auch als eBook erhältlich

»*Ein Mensch mit einer anderen Hautfarbe muss einfach woanders herkommen, die Sprache nicht verstehen und auch sonst kulturell anders gestrickt sein ...*«
Florence Brokowski-Shekete

»Aus dem Leben einer Schwarzen Deutschen *wirft einen ganz besonderen Blick auf die deutsche Kultur. Es ist gut, mal den Blickwinkel zu wechseln. Sehr empfehlenswert!*«
Kulturforum Freiburg

Die kleine Florence, geboren in Hamburg als Kind nigerianischer Eltern, wird Ende der 60er Jahre in Buxtehude von einer alleinstehenden Frau in Pflege genommen. Mit neun Jahren nehmen die Eltern sie mit nach Lagos, in ein Land, dessen Sprache sie nicht spricht, dessen Kultur ihr fremd ist, zu einer Familie, die sie nicht kennt. Durch das beherzte Eingreifen einer Lehrerin schafft sie es zurück nach Deutschland und macht dort ihren Weg ...

In ihrer Autobiografie beschreibt die Autorin mit Humor die Erlebnisse einer Schwarzen Frau in einer weißen Gesellschaft, den schmalen Grat zwischen humorvollen Anekdoten und unschönem Alltagsrassismus, zwischen der Herausforderung, Brücken zu bauen und Grenzen zu setzen, zwischen Integration und Identitätsfindung, zwischen Beruf und dem Muttersein als Alleinerziehende – kurz: die Lebensgeschichte einer beeindruckenden Frau.

»Mein Anliegen ist es, Vielfalt sichtbar zu machen, neue Perspektiven zu eröffnen und Brücken zu bauen.«

Florence Brokowski-Shekete
Raus aus den Schubladen!
Meine Gespräche mit
Schwarzen Deutschen
ISBN 978-3-949545-23-8
192 Seiten, Klappenbrosch., € 22,00
Auch als eBook erhältlich

»Es sind Geschichten, die Mut machen und gleichzeitig zeigen, wie Zusammenleben in Vielfalt in unserer Gesellschaft gelingen kann.« Maria Eberle, ekz

»Raus aus den Schubladen! ist ein MUST-READ für uns alle – Mut-Macher und Mahnung zugleich – ein kraftvolles Statement gegen Vorurteile, Ausgrenzung und Rassismus. Denn der größte Reichtum unseres Landes liegt in der Vielfalt der Lebenswege seiner Menschen und der gestalterischen Kraft ihrer Erfahrung.«
Matthias Hügle, ZDF

Florence Brokowski-Shekete hat für ihr Buch mit zwölf Schwarzen Deutschen aus verschiedensten Berufen über ihr Leben gesprochen – vom Metzgermeister in Speyer über den ostfriesischen Kfz-Mechaniker bis zur Gynäkologin in Saarbrücken.
Wie sieht ihr Alltag aus? Welche Erfahrungen machen sie als Schwarze Menschen in Deutschland?

Nach dem Motto »Raus aus den Schubladen!« lädt Florence Brokowski-Shekete dazu ein, verschiedene Lebenswege kennenzulernen, etwas über Alltagsrassismus zu erfahren, den Schwarze Menschen nach wie vor erleben, und den eigenen Horizont zu erweitern. Ein wichtiger Beitrag zur Sichtbarmachung und zum Empowerment von Schwarzen in Deutschland, aber auch zur Verständigung.

1. Auflage 2024
© 2024 Orlanda Verlag GmbH, Berlin
www.orlanda.de
Alle Rechte vorbehalten

Lektorat: Palma Müller-Scherf
Korrektur: Jessica Zeltner
Cover: Reinhard Binder
Coverfoto: © Tanja Valérien
Satz: brama Studio, Wien
Druck und Bindung: CPI Print, Leck
Printed in Germany
ISBN 978-3-949545-65-8

Dieses Buch wurde klimaneutral gedruckt.

Hinweis: Der letzte Zugriff auf Links und QR-Codes erfolgte am 17.07.2024. Trotz sorgfältiger inhaltlicher Kontrolle übernehmen wir keine Haftung für die Inhalte externer Links. Für den Inhalt der verlinkten Seiten sind ausschließlich deren Betreibende verantwortlich.

Bei aller Sorgfalt können auch wir Fehler übersehen. Deshalb freuen wir uns, wenn Sie uns Hinweise auf Fehler an folgende Adresse schicken: mail@orlanda.de